HISTOIRE DE LA MANUFACTURE DE JOUY ET DE LA TOILE IMPRIMÉE AU XVIIIᵉ SIÈCLE

PAR HENRI CLOUZOT

LES ÉDITIONS G. V.

MCMXXVIII

HISTOIRE DE LA MANUFACTURE DE JOUY

ET DE LA TOILE IMPRIMÉE EN FRANCE

BOILLY. — Christophe-Philippe Oberkampf, 1738-1815.
(Collection Mlle Oberkampf.)

HENRI CLOUZOT

HISTOIRE

DE LA

MANUFACTURE DE JOUY

ET DE

LA TOILE IMPRIMÉE

EN FRANCE

TEXTE

PARIS ET BRUXELLES
LES ÉDITIONS G. VAN OEST

MCMXXVIII

PREMIÈRE PARTIE

La Manufacture de Jouy.

L'art de la toile imprimée, ce charmant caprice de la mode au xviiie siècle, se résume pour la postérité en un seul nom : C.-P. Oberkampf, le légendaire fondateur de la manufacture de Jouy. Mais de même que Philippe de la Salle n'est pas à lui seul toute la soierie, ni Réveillon le papier peint, ce serait rendre le plus fâcheux service à la mémoire du grand industriel que de l'isoler du mouvement général dont il a été le plus puissant acteur et de le séparer de cette tradition quasi séculaire de la toile peinte, qu'il conduisit par ses perfectionnements et ses découvertes à un si haut degré d'élévation. Dans l'histoire, tout s'enchaîne. Sans les édits prohibitifs, qui entretinrent sous trois règnes la passion des femmes de bon ton pour les indiennes, la fortune incroyable de la manufacture de Jouy resterait un mystère. La biographie d'Oberkampf s'ouvre par un chapitre préliminaire qu'on pourrait intituler avec Rabelais : « Comment les femmes ordinairement appètent choses défendues. »

Vers le milieu du xviiie siècle, la mode s'éprit des tissus rapportés des Grandes Indes ou des Échelles levantines par nos vaisseaux. C'étaient de fines toiles de coton, peintes, ou plutôt teintes, avec la patience des Orientaux, des plus chatoyantes couleurs, de grands panneaux, à tiges arborescentes, où toute la flore de l'Inde : manglier, pavot, tulipe, grenade, anémone, œillet, chrysanthème, rose, pivoine, datura, magnolia, éclatait en gammes lumineuses. Parfois l'artiste indigène représentait des scènes de la poésie ou de la religion indoue, des épisodes du Ramayana. Parfois, il s'attachait à peindre des tableaux pris sur le vif, les princes mongols et leur cour, les Européens dans leurs comptoirs de Surate ou de Madras. Les plus belles *chittes* se fabriquaient à Patna, à Seronge, à Tutucorin, à Madras, à Nagapatman, à Palicot, à Sadraspatman. Elles s'expédiaient sur les vaisseaux de la Compagnie des Indes, ou, par le golfe persique, prenaient en caravanes la route d'Ispahan, de Bagdad et de la Turquie d'Asie. C'étaient les plus belles et les plus fines : les marchands leur donnaient le nom de *perses* (1).

La gaieté des couleurs, l'intensité de l'effet décoratif, le cachet d'exotisme de ces légères étoffes firent fureur. Dès 1658, le gazetier Loret leur fait place à la foire Saint-Germain, dans les boutiques en bois galamment assorties

> En antiquailles, bagatelles,
> Confitures, draps et dentelles,
> En *indiennes*, en écrans.

On en garnit des meubles, on en revêt des cabinets, on en taille des robes de chambre (2). Tout le monde veut avoir des « surates », des « patnas », des « calancas », et la marchandise devenant rare et coûteuse, de modestes artisans imaginent de peindre des toiles indigènes ou exotiques d'après les procédés recueillis en Orient par les voyageurs : l'industrie des indiennes d'imitation est créée.

Elle s'établit un peu partout : en Poitou, en Saintonge, dans le Comtat, le Vivarais, le Languedoc, le Dauphiné (3), sans doute aussi la Normandie et la Provence. Pour épargner la main-d'œuvre, elle se fait ingénieuse. Elle imagine de combiner les couleurs appliquées au pinceau ou à la teinture, comme dans les Indes, avec des dessins imprimés à l'aide de bois gravés, tels qu'on s'en servait pour l'imagerie populaire et pour certaines étoffes économiques depuis le haut moyen âge (4). Dès 1675, on trouve à Châtellerault un imprimeur en toile. Grâce à ces procédés plus expéditifs, les indienneurs français livrent des produits moins beaux, mais moins chers que les originaux des Indes. Les gens de petite condition font leur bonheur des

---

(1) Cf. H. CLOUZOT, Les Toiles peintes de l'Inde. *Gazette des Beaux-Arts,* oct. 1912.

(2) Ces robes de chambre portaient elles-mêmes le nom d'indiennes.

(3) On ne sait rien sur ces premiers foyers de l'indiennage. Leur existence dans les provinces que nous citons n'est connue que par les indications d'origine des ouvriers transfuges établis à l'étranger après 1685.

(4) Quoi qu'on en ait dit, les Indiens du XVIIe siècle ne connaissaient pas les bois gravés. Ils se servaient de *poncis* comme les brodeurs. Au contraire, en Europe, les *dominotiers* employaient les bois gravés à toutes sortes d'usages.

indiennes d'imitation. Bourgeoises et filles du peuple s'habillent à bon compte en demoiselles.

Pendant quatre ou cinq ans (1675-1680) la mode des toiles fait fureur. Au bout de ce temps, elle subit une éclipse momentanée, sans que nous puissions rattacher ce notable événement à une autre raison qu'un caprice du goût public. Mais ce revirement dans le costume féminin fait assez de bruit pour que l'Almanach en estampe de 1681 lui consacre un dessin satirique et rapporte les « regrets de la Damoiselle de toile pour le départ de la mode des toiles », dans un dialogue rimé, dont nous nous reprocherions de corriger l'orthographe :

La Damoiselle de toile.

Faut-il que ma disgrace aille jusqu'à ce poin
Que de vous voir partir, cher objet de mais soins.
Belle mode des toiles demeurez à Paris,
Et n'alez pas troter dans les autres pais.

La Mode des toile.

Contre mon naturel depuis quatre ou cinq ans
J'ay débité des toile aux petit et au grans.
Il faut que an autre lieu je cour promptement
Faire des damoiselle par mes abillemens (1).

Ce départ de la mode des toiles ne fut cependant, comme au théâtre, qu'une fausse sortie. L'indienne reprit si bien son empire que toutes les étoffes d'habillement ou d'ameublement eurent à souffrir de la concurrence. Fabricants de soieries, veloutiers, drapiers, tapissiers, merciers, passementiers crièrent à la ruine (2). Devant leurs plaintes réitérées, le successeur de Colbert au contrôle général des finances, Claude Lepeletier, interdit non seulement l'importation des produits de l'Inde, mais supprima d'un trait de plume « toutes les fabriques établies dans le royaume (3) pour peindre les toiles de coton blanches ». L'édit du 26 octobre 1686

---

(1) V. Champier, *les Anciens Almanachs illustrés.* Paris, 1886, pl. XVIII.

(2) Pendant l'hiver 1685, l'arrivée d'un navire chargé de toiles peintes fait cesser le débit des serges et cause une grève (*Correspondance des Intendants,* 20 février).

(3) Non seulement nous ne pouvons citer avec certitude aucune de ces fabriques antérieures à 1686, mais nous ne connaissons aucun échantillon de toile peinte pouvant être rapporté à cette époque. Le seul nom d'indienneur connu est celui de Grieux, imprimeur sur toile à Châtellerault en 1675 (cf. Rambaud, *Pharmacie en Poitou,* p. 418).

prescrivit la destruction des bois servant à l'impression, défendit de débiter après le 1er décembre 1687 aucunes toiles peintes, tant des Indes que contrefaites dans le royaume, ordonna que celles qui seraient trouvées dans les boutiques seraient brûlées et condamna les marchands à 3.000 livres d'amende. On ne crut pas mal faire en sacrifiant une industrie rudimentaire et grossière dont les produits, uniquement consommés par les gens du peuple, ne pouvaient faire soupçonner l'immense avenir (1).

Cette fois, la mode des toiles n'avait plus qu'à « trotter » hors de France : l'édit de 1686, survenant au lendemain de la Révocation de l'Édit de Nantes, qui força des centaines d'artisans à émigrer, emporta les secrets de l'indiennage à l'étranger.

En quelques années, l'Angleterre voit se fonder sa première fabrique à Richemond, par un réfugié français, Cabannes (1690); Étienne Dutitre, de Sedan, Jean Lafosse, de Metz, Jean Durand, de Montpellier, s'établissent à Berlin (1686); Daniel Sabatiery à Brême; Daniel Vasserot, de Queyras (Hautes-Alpes), s'installe à Genève, avec ses neveux, Antoine Fazy, André Michéli, Daniel et Pierre Vasserot (1691); enfin le Saintongeois Jacques de Luze, aidé des frères du Pasquier et de Jérémie Pourtalès, de la Salle (Gard), fonde dans le canton de Neuchâtel cette fameuse fabrique du Bied, dont les ouvriers essaimèrent en Suisse, en Allemagne, en Alsace, et jusqu'en Portugal (1688).

Vingt ou trente ans plus tard, sur ces terres de libre culture, l'industrie si malencontreusement chassée de France avait grandi et commençait à porter de si beaux fruits que les toiles peintes d'Angleterre, de Suisse, de Hollande rivalisaient avec les *chittes* des Indes.

C'est tout ce que gagnèrent les prohibitionnistes. L'arrêt de 1686 et une vingtaine d'autres du même genre arrêtèrent si peu la vente et la consommation des indiennes, qu'au début du XVIIIe siècle, l'usage en était plus commun que jamais. La Compagnie des Indes continuait à en débarquer des cargaisons entières et faisait fabriquer dans ses comptoirs de Pondichéry ou de Surate, pour ceux qui voulaient y mettre le prix, des lits, des robes, des tentures de meuble, des services de table aussi beaux et aussi riches qu'on pouvait le souhaiter.

---

(1) Cf. E. DEPITRE, *la Toile peinte en France au XVIIe et au XVIIIe siècle. Industrie, commerce, prohibition*, 1912, in-8. Toutes les questions économiques touchant la toile peinte sont traitées par M. Depitre avec une autorité et une précision qui nous dispensent d'y insister.

Bien plus, la difficulté de s'approvisionner eut un effet diamétralement opposé à celui qu'attendaient les auteurs de la répression. La mode des indiennes à son aurore n'était encore qu'un goût passager. Elle aurait disparu un jour ou l'autre avec la satiété. Fruit défendu, elle devint la passion des femmes de bon ton. Ce fut du délire, de la furie. On travailla ouvertement à peindre la toile dans l'enclos du Temple et dans la cour Saint-Benoît (1). Des fraudeurs isolés se firent prendre à Melle (1699), à Orange, à Paris (faubourg Saint-Jacques, 1702), mais les perquisitions restaient le plus souvent sans effet. Les ouvriers, avertis à l'avance, cessaient quelque temps leur travail, pour le reprendre ensuite avec plus d'entrain. Quant à la vente, rien ne put l'arrêter. Des dépôts clandestins s'établirent dans l'enclos de Saint-Jean-de-Latran (1705), dans l'enclos de l'Arsenal, au Palais-Royal (1708), à Versailles même, où un mercier installa un entrepôt secret, qui lui permettait d'aller débiter publiquement sa marchandise à Fontainebleau pendant les séjours de la cour (1705) (2). A toutes les frontières, la fabrication étrangère, de plus en plus florissante, introduisit des ballots de toiles peintes. En Dauphiné, les bandes de Mandrin passèrent en fraude les produits de la Suisse; les courriers d'ambassade, en Flandre et en Artois, importèrent les toiles de Hollande; les passagers débarquèrent au Havre et à Dieppe habillés des pieds à la tête d'indiennes d'Angleterre; les intendants de la Santé, à Marseille, importèrent les toiles du Levant à la faveur des lazarets. Saisies et autodafés restèrent impuissants pour arrêter ce flot envahisseur; en dépit des édits, la passion féminine continua à trouver à s'alimenter (3).

Cette petite guerre, plus acharnée que celle des demi-castors, dura soixante-dix ans, illustrée de traits d'héroïsme dans les deux camps. C'est l'intendant Barillon, à Pau, qui, trouvant une bourgeoise dans la rue avec un vieux tablier de toile peinte, le lui arrache et va le brûler sur-le-champ à la forge d'un maréchal. C'est la marquise de Nesle qui, venant d'avoir quatre pièces d'indiennes saisies et coupées en

(1) Lettre de d'Argenson au contrôleur général : « Il m'est revenu qu'il y avait dans cette ville deux endroits où l'on travaille publiquement à peindre les toiles de toutes façons : l'un est le Temple, et l'autre la cour Saint-Benoît qui dépend de l'abbaye du Val-de-Grâce (1er oct. 1701).

(2) Lettre de d'Argenson au contrôleur général. 8 novembre 1705. *Le Livre commode des adresses* de 1698 annonce que le sieur Petit, chef grossier du chevalier du guet, « fait commerce d'indiennes ».

(3) Il faut remarquer d'ailleurs que toutes ces mesures, terribles en apparence, s'exercèrent surtout « sur le papier », et que la remise des amendes ou la levée des saisies était presque une loi générale. Seuls les contrebandiers arrêtés aux frontières payèrent de leur liberté, et même de leur vie, leur commerce clandestin, et ce fut un des motifs que firent valoir les partisans de la liberté de fabrication.

morceaux par les gens des aides, reparaît quelques jours plus tard, aux Tuileries, avec une robe de chambre de même étoffe.

Plus de trente arrêts, de 1697 à 1750, tentent de mettre Parisiennes et provinciales à la raison. Les commis des barrières, aux portes de la capitale, font déshabiller les délinquantes. On brûle dans les rues en un seul jour huit ou neuf cents robes saisies. On condamne des femmes qui se sont simplement montrées à leurs fenêtres vêtues d'indiennes. Les jurés des tisserands et des drapiers de soie pénètrent dans les maisons pour saisir les mobiliers. Un arrêt de 1717 prononce la peine des galères contre tout individu convaincu d'avoir introduit des étoffes prohibées ou d'avoir donné asile à un fraudeur. Mais la rigueur ne fait que redoubler l'engouement. Privées d'étaler leurs robes au spectacle ou aux Tuileries, les élégantes les arborent dans leurs maisons de la banlieue. Mme de Pompadour meuble d'indienne ses appartements de Bellevue. Les femmes des intendants, chargés en province de tenir la main à l'exécution des édits, sont les premières à afficher des toiles peintes. La consommation, au profit des fraudeurs ou des fabricants étrangers, s'élève en une seule année au chiffre exorbitant de 16 millions (1)!

La question devenait nationale. Les ministres, qui délibéraient sur l'opportunité de continuer les mesures de prohibition dans des appartements meublés de perses et d'indiennes, se décidèrent à céder. Le 9 novembre 1759, la liberté de fabrication fut autorisée. Des manufactures s'ouvrirent dans toute la France et la passion des toiles peintes était si bien entrée dans les mœurs qu'elle résista — on a peine à le croire — aux facilités que les femmes trouvèrent à la satisfaire.

---

(1) Ce n'est pas le bon marché, remarquons-le, qui fait au XVIIIe siècle la vogue des toiles peintes : « Une belle perse, dit le *Dictionnaire de Trévoux*, l'emporte comme prix sur une étoffe de soie. »

I

La plus connue de ces manufactures naissantes, la seule peut-être dont le souvenir soit resté vivant puisqu'elle a laissé son nom aux toiles peintes, est celle de Jouy. Mais elle n'est pas, à beaucoup près, la plus ancienne.

Avant la levée définitive des mesures de prohibition, le Gouvernement s'était un peu relâché de sa rigueur. Plusieurs industriels en avaient profité. Dès 1744, Jean-Rodolphe Wetter avait ouvert des ateliers à Marseille, port franc, où il occupait 700 ouvriers et d'excellents dessinateurs recrutés à l'Académie de peinture locale. Les frères François et Thomas-René Danton s'étaient établis à Angers en 1752. Louis Langevin avait ouvert un établissement à Nantes en 1758, et Abraham Frey à Notre-Dame-de-Bondeville, près de Rouen en 1756. D'autres ateliers fonctionnaient en Lorraine, en Barrois, dans la cité de Montélimart, dans le Comtat Venaissin, terre papale, et surtout dans la petite république de Mulhouse, où Koechlin, Schmaltzer et Dollfus avaient fondé en 1746 la célèbre manufacture dite de « la Cour de Lorraine ».

Quand la liberté de fabrication fut proclamée, Oberkampf était arrivé en France depuis un an, après une série de voyages et d'apprentissages qui l'avait mis en possession de tous les procédés de teinture et d'impression alors en usage.

Son père, fils d'un teinturier wurtembourgeois et teinturier lui-même (1), avait passé sa jeunesse à courir d'atelier en atelier à la recherche des secrets de fabrication. Quand la vie vagabonde eut perdu tout charme pour lui, Philippe-Jacob Oberkampf s'établit à Wiesenbach, dans le marquisat d'Anspach, et y épousa Anne-Madeleine Sehm, fille d'un jardinier paysagiste du comte de Hohenlohe, qui lui donna, le 11 juin 1738, Christophe-Philippe Oberkampf, le futur fondateur de Jouy (2). Quelques années après, une manufacture établie à Klosterheilbronn pour la teinture

1. La profession de teinturier « en bon teint » s'était transmise de père en fils dans la famille. Philippe-Jacob, né en 1714, était fils de Mathéus, né en 1684, et petit-fils de Stephan, né en 1653.

2. Les autres enfants de Philippe-Jacob étaient : Frédéric, né en 1740, décédé le 10 décembre 1798, et Sophie-Dorothée, mariée à Jean Widmer, qui s'associa plus tard avec lui pour fonder la manufacture d'Othmarsingen.

et l'impression à deux couleurs des flanelles lui offrit un engagement. Il s'y transporta en 1744 et, sans abandonner les étoffes de laine, étudia si bien les procédés d'indiennage, qu'il découvrit le moyen d'imprimer les toiles en bleu sur fond blanc. Ce procédé, regardé jusqu'alors comme impossible à réaliser (on ne connaissait que la teinture à la réserve) fut l'origine de sa petite fortune : J. Ryhiner (1) l'attacha à sa manufacture du Petit Bâle sur les bords de la Teich (1749).

C'est là qu'Oberkampf, alors âgé de onze ans, commença son apprentissage. Il le continua à Lœrrach, à deux lieues de Bâle, où son père, arrivé à bout de son engagement avec Ryhiner, monta une fabrique dans une ancienne papeterie (1752). Mais l'établissement à peine ouvert, il fallut céder le local à un nouveau propriétaire (2) et le père et le fils, bagage au dos, gagnèrent pédestrement la Suisse, où ils entrèrent à la manufacture de Schaffisheim, près Lenzbourg (1753) (3). Christophe-Philippe y resta comme graveur jusqu'en 1755. A cette date, son père, ayant pu s'établir à son compte à Aarau, le reprit comme contremaître.

Il travailla deux ans dans les ateliers paternels, où l'on faisait, paraît-il, de très bonnes indiennes pour l'époque (4). Mais au bout de ce temps, s'apercevant qu'il n'avait plus rien à y apprendre, il résolut de voyager à son compte, et entra comme graveur à Mulhouse dans la manufacture de la Cour de Lorraine, où on ne sut pas le retenir. De là, il accepta un engagement à Paris, chez Cottin, qui le prit pour coloriste à 24 livres par semaine.

C'était une assez piètre manufacture que cet atelier fondé dans l'enclos privilégié de l'Arsenal, cour des Princes, par un Anglais nommé Cabannes. Le directeur d'alors, Cottin, qui imprimait de mauvaises toiles en *faux teint* (5), avait fait deux fois faillite et payait très mal ses ouvriers, ce qui ne l'empêchait pas d'avoir un second établissement au clos Payen, autre lieu privilégié, dans le faubourg Saint-Marcel, et traversé par les deux bras de la Bièvre.

Oberkampf y fabriquait d'excellentes indiennes *en bon teint* (6), lorsque le suisse du Roi au contrôle général des finances à Versailles, Antoine Guerne de Tavannes, ayant eu vent dans les bureaux de la prochaine signature de l'édit de libre fabrication,

1. Ryhiner a laissé un *Journal* manuscrit de 1766 à 1785, très précieux pour l'histoire de l'indiennage. Il est conservé à la bibliothèque de la Société industrielle de Mulhouse, et a été imprimé en partie par Dollfus-Ausset dans ses *Matériaux pour la coloration des étoffes*, 1865.

2. Kupfer, auparavant fabricant d'indiennes à Berne.

3. Le directeur se nommait Brutelle.

4. Après le départ de son fils, Philippe-Jacob continua quelque temps son industrie à Aarau, puis ayant marié sa fille à un graveur, Jean Widmer, il transporta la manufacture à Othmarsingen, près de Lenzbourg (1760).

5. « J'ai aussi des échantillons des premières productions d'un établissement formé à Paris en 1754 par deux négociants nommés Cottin et Cabanes ; on ne pourrait jamais croire qu'un tel barbouillage ait pu porter le nom de toiles peintes. » *L'Art de peindre et d'imprimer les indiennes*, par B. (1800), p. IX.

6. Dans ses notes, Oberkampf prétend avoir imprimé un « meuble » pour Mme de Pompadour à l'Arsenal.

La maison du Pont de Pierre, lithographie, vers 1830.

se hâta de fonder un établissement pour prendre avance sur ses concurrents. Dans ce modeste établissement, installé rue de Seine-Saint-Marcel, entra comme graveur Frédéric Oberkampf, venu tout exprès retrouver son frère à Paris, et bientôt Tavannes en offrit à Christophe-Philippe l'entière direction. C'était le premier pas dans la carrière. Le jeune industriel accepta, à condition de transporter la manufacture naissante dans un emplacement plus favorable, hors Paris. Son choix s'arrêta sur Jouy-en-Josas, près de Versailles, au bord de la Bièvre, dont les eaux passaient, à tort ou à raison (1), pour posséder des qualités indispensables à la teinture.

Dans cette vallée boisée, fermée par l'aqueduc de Buc (2), au milieu d'un site enchanteur qui lui rappelait les coteaux de l'Argovie, le jeune Bavarois loua près du Pont-de-Pierre une maisonnette et quelques perches de prairie pour l'étendage des toiles. La cabane était si petite qu'elle ne put contenir la chaudière, et qu'Oberkampf établit sa couchette sur une table à imprimer. Mais le 1er mars 1760, il put livrer sa première pièce de toile. Il en avait été à la fois le dessinateur, le graveur, l'imprimeur et le teinturier (3).

Les débuts furent difficiles. Tavannes n'avait guère d'argent, et son associé encore bien moins. Grâce à un marchand de soieries, Levasseur de Verville, qui offrit son aide financière en retour du privilège exclusif de la vente à Paris, l'entreprise traversa tant bien que mal les deux premières années. En 1761, l'atelier qui outre Oberkampf et son frère, au courant de toute la main-d'œuvre, comprenait Hafner, excellent imprimeur envoyé par le père d'Oberkampf, et Ulrich Bossert, habile graveur venu d'Aarau, fabriqua 3.600 pièces, à peine le quart de ce qu'on aurait pu vendre, tant les nouvelles indiennes étaient recherchées. Malheureusement Levasseur, chargé des opérations commerciales, en profita pour évincer Tavannes (4), et pour arracher à Oberkampf une promesse d'abandon de la moitié de son intérêt dans les bénéfices. C'était la ruine certaine, si, au moment où allait se signer l'acte d'association, un ancien lieutenant des eaux et forêts à Grenoble, Jhe Alexandre Sarrazin Demaraise, n'était entré dans la Société, et après un assez long procès (5) n'était arrivé à réduire les prétentions de Levasseur à un faible intérêt dans l'affaire.

1. A tort, au dire de la science moderne.

2. On trouve dans les *Feuilles d'Automne* une pièce intitulée « Bièvre », à laquelle le poète a donné pour épigraphe la phrase bien connue de Fénelon : « Un horizon fait à souhait pour le plaisir des yeux. » Elle débute ainsi :
     « Oui, c'est bien le vallon, le vallon calme et sombre! »

3. Le matériel fut installé par Abraham-Louis Perrenond, un menuisier suisse dont Oberkampf avait apprécié le mérite à l'Arsenal. « Maître Perrenond resta à Jouy jusqu'en 1794, et y établit le premier moulin à calandre et la première batterie mécanique.

4. Tavannes céda ses droits pour 6.200 livres.

5. Le célèbre Robert Lindet rédigea à cette occasion un mémoire pour Levasseur où Demaraise et Oberkampf furent fort maltraités. Il en coûta 72.000 livres pour désintéresser Levasseur.

A la suite d'une estimation générale, une nouvelle société se forma sous la raison sociale « Sarrazin Demaraise, Oberkampf et Cie ». Frédéric Oberkampf préféra rester en dehors de l'association et toucher un traitement fixe (1763).

Le temps d'épreuve était passé. Oberkampf put s'adjoindre de nouveaux collaborateurs : le graveur Ludwig Rordorf et l'imprimeur Jean Schramm (1), son ancien compagnon au Petit Bâle. Le 7 novembre 1764, on posa la première pierre d'un bâtiment neuf. Successivement des hangars recouvrirent le lit de la rivière. Le cours fut redressé, les berges revêtues de planches de chêne. Deux ans plus tard, les ateliers prirent possession de la nouvelle manufacture : imprimeurs, rentreurs, coloristes, pinceauteuses, graveurs, teinturiers eurent des locaux distincts et bien aménagés, des magasins spacieux reçurent les toiles neuves et les indiennes terminées. Oberkampf se fit construire une maison d'habitation à côté même du portail de la manufacture, d'où il voyait l'entrée et la sortie des ouvriers, et où il avait à sa portée la cloche que pendant longtemps il sonna lui-même pour annoncer la reprise et la fin des travaux.

Desmaraise, qui avait fourni les fonds de l'affaire, dirigeait à Paris la maison de vente, d'abord rue des Mauvaises-Paroles, puis, en 1767, à l'hôtel Jabach, rue Neuve-Saint-Méry. Oberkampf n'avait apporté à la Société que ses connaissances techniques et son activité industrielle. Mais le jeune Bavarois était l'âme de la manufacture. C'est à ses capacités professionnelles éminentes, à ses rares qualités d'énergie et de force morale, à la simplicité de ses mœurs, qui en faisaient une sorte de bonhomme Richard et lui donnaient un ascendant incroyable sur ses ouvriers, que l'entreprise dut sa réussite. En quelques années, les affaires prirent une telle extension qu'Oberkampf put distraire de ses bénéfices 30.000 livres pour acheter à son frère une manufacture d'indiennes qui se trouvait en vente à Corbeil (2) et 150.000 livres pour lui permettre de s'établir et l'aider à faire marcher son industrie (1770).

C'était une belle récompense pour dix années de collaboration. Mais avant de quitter l'atelier fraternel, Frédéric installa à Jouy la première machine à imprimer à la planche de cuivre, sur le modèle de celles qu'il avait vu fonctionner en Suisse, et on ne peut nier qu'il ait payé ainsi, dans une certaine mesure, sa dette de reconnaissance.

Jusqu'à ce jour, en effet, toute la fabrication à Jouy se faisait de main d'ouvrier.

---

1. Jean Schramm resta quarante-six ans à la tête de l'imprimerie de Jouy, jusqu'à sa mort, le 12 octobre 1809. Un des grands éléments de succès d'Oberkampf fut la supériorité de ses ouvriers, tous formés par son père à Othmarsingen et admis à Jouy seulement sur le vu de son certificat.

2. Cette fabrique avait été fondée par Baron, de Beauvais, dans une excellente position. Mais l'exploitation n'avait pas eu grand succès. Frédéric Oberkampf y fabriqua de bonnes indiennes, et grâce aussi au prestige du nom, fit réussir la marque : *Manufacture de toiles peintes et imprimées de Frédéric Oberkampf à Corbeil. Bon teint.*

La pièce de toile, soigneusement trempée, était placée sur un radeau flottant ou « pont », où les ouvriers la battaient au fléau pour la faire dégorger. Puis on la passait au cylindre ou à la calandre (1) pour en écraser le grain et on la portait à l'impression.

Là, dans une salle largement éclairée, l'ouvrier l'étendait sur une table solide recouverte de drap, et y appliquait à la main un « bloc » ou bois gravé, chargé de couleur, donnant en relief le motif de décoration. Un coup de maillet faisait pénétrer la couleur dans l'étoffe, et l'ouvrier rechargeait le bois sur un tamis que l'apprenti ou « tireur » garnissait en puisant dans le baquet à couleur. On reportait ensuite le dessin plus loin sur la toile, et on continuait jusqu'à ce que toute la pièce fût imprimée.

Quand on voulait produire un modèle en plusieurs teintes, on imprimait le contour du dessin (en noir ou en rouge) à l'aide d'un premier bois appelé « moule » et l'on passait la pièce aux « rentreurs », imprimeurs secondaires, qui superposaient de nouveaux bois ou « blocs » *rentrant* dans le premier dessin et donnant de nouveaux tons. Le repérage se faisait au moyen de pointes de laiton, fixées aux quatre angles des blocs de rentrure. Il y avait des indiennes à une, deux, trois, quatre « mains », selon que l'étoffe passait entre les mains de l'ouvrier une, deux, trois ou quatre fois.

La toile une fois imprimée et séchée à l'étuve était trempée dans l'eau courante pour lui enlever l'âcreté des sels des mordants. Puis on la battait au foulon, on la tordait et on la déposait sur un tourniquet ou dévidoir pour la soumettre au garançage, c'est-à-dire à un bain de teinture de garance, où les nuances s'avivaient et se fixaient définitivement. La pièce pouvait alors être dite en « bon teint ». Il ne restait plus qu'à la soumettre à un nouveau trempage de vingt-quatre heures, suivi d'un étendage sur le pré où on la fixait à l'aide de petits piquets aux quatre angles et sur les lisières, en l'arrosant avec une écope pour empêcher un séchage trop rapide. Selon les hasards de la fabrication, la campagne autour de Jouy se diaprait de couleurs inattendues et rutilantes.

On la retirait enfin, quand elle commençait à blanchir, et on achevait le travail par une ébullition dans un bain de bouse de vache pour la décrasser et aviver les couleurs.

Lorsqu'on voulait obtenir un plus grand nombre de nuances dans le dessin — on ne connaissait à l'origine de mordants que pour le noir, le rouge, le rose, le puce et le violet — la pièce, après garançage, passait à l'atelier des « pinceauteuses ». A l'aide de fins pinceaux de cheveux, d'habiles ouvrières, groupées autour d'une table

---

1. En 1773, Oberkampf acheta le moulin de Saint-Martin pour servir de moteur à la calandre. Les rouleaux *en bois* étaient l'œuvre de Perrenond.

sous la direction de la « maîtresse de table », appliquaient les couleurs qui, faute de mordants, ne pouvaient s'imprimer à la planche, notamment le bleu d'indigo et le jaune rouille, dont la combinaison donnait le vert (1). Ces indiennes de choix, rehaussées de « couleurs d'application », atteignaient naturellement un prix plus élevé, mais elles présentaient une variété et un agrément que les couleurs d'impression seules n'auraient pas suffi à leur procurer.

Quelques opérations secondaires achevaient enfin de mettre la pièce en état d'être livrée à la vente. On donnait du lustre à l'étoffe à l'aide d'un galet d'agate, promené sur la toile préalablement empesée de cire et d'amidon, imitant le glaçage caractéristique des produits de la Perse. Une presse réduisait le volume des pièces et les préparait pour l'emballage.

Les premiers progrès de la fabrication à Jouy portèrent sur la gravure des bois. Le « picotage » permit de remplir les intervalles du dessin de pointes en fil de laiton, plantées dans la planche à l'aide d'un poinçon capillaire, et disposées en semis comme les crins d'une brosse, de manière à produire un fond sablé. Des lames de cuivre laminées, enfoncées dans le bois et pliées selon les formes les plus variées — cercles, ovales, arabesques, feuillages — donnèrent des lignes aussi déliées que des fils et capables en même temps de résister à tous les chocs de l'impression. Les parties pleines du motif, qui se chargeaient mal de couleur et laissaient des bavures à l'impression, furent remplacées par des lames de cuivre, dessinant le contour des masses, et enserrant un fond de feutre ou de débris de vieux chapeaux (2).

En même temps, les premiers procédés mécaniques firent leur apparition dans la main-d'œuvre. Le dégorgement des toiles au fléau fut remplacé par la « batterie », longue plate-forme, animée d'un mouvement de va-et-vient par une roue à eau, qui passait et repassait les pièces pliées en botte sous une palette-battoir, avec un fracas qui s'entendait dans toute la vallée (3). Puis le menuisier-mécanicien Perrenond, auteur de ce chef-d'œuvre, construisit, sur les indications de Frédéric Oberkampf, la première presse à imprimer à la planche de cuivre (1770).

C'était à peu près la presse en taille-douce d'Abraham Bosse, telle qu'elle s'est conservée jusqu'à nos jours dans les ateliers d'imprimeurs d'estampes, et telle qu'elle fonctionne encore dans certains ateliers d'indiennage. Le dessin, au lieu d'être gravé en relief sur bois, était gravé en creux sur de grands cuivres (4).

---

1. Le vert d'application ne fut découvert qu'en 1810. Dès 1760, on imprimait à Jouy des camaïeux bleu faïence « bon teint » d'après le procédé d'Oberkampf père.

2. D'où le nom de planches *chapeautées* donné à ce genre de gravures.

3. Elle fut remplacée en 1793 par une batterie circulaire.

4. A l'origine les planches mesuraient 1 m. 22 (3 pieds, 9 pouces) de hauteur, sur 36 pouces (0 m. 86) de largeur. La hauteur, dans la suite, fut diminuée de moitié.

J.-B. HUET. — Les Travaux de la manufacture, 1783. dessin original.
(Collection Etienne Mallet.)

Les planches étaient placées sur un chariot qu'un mouvement de va-et-vient engageait sous un rouleau presseur. La pièce de toile, après impression, passait sur un râtelier en bois et venait tomber dans un panier auprès d'un poêle qui séchait à la fois la couleur et le tissu.

Invention féconde! L'impression au bloc limitait le dessin aux étroites proportions du bois que la main de l'ouvrier pouvait embrasser. Si l'on voulait reproduire un motif d'une certaine dimension, il fallait employer un nombre parfois considérable de formes (1), souvent difficiles à repérer, toujours coûteuses à graver. L'emploi des planches de cuivre remplaça le petit motif, incessamment répété et monotone, par de grands dessins de fleurs et de ramages librement disposés, ou par d'amusantes successions de scènes pittoresques, spirituellement groupées, dans un enchevêtrement exempt de toute préoccupation de repérage. En même temps, la gravure au burin permit d'aborder les tableaux à personnages avec une perfection de détails et une finesse d'exécution que la gravure sur bois était impuissante à obtenir. Les camaïeux rouge, bleu, puce, amarante — la planche de cuivre ne permettait l'impression que d'une seule couleur — mirent à la mode le dessin ton sur ton.

Pour inaugurer la nouvelle machine, Rordorf composa un dessin de tenture à grands ramages de 20 pouces de hauteur sur 33 de largeur, dont la planche fut gravée à l'eau forte et au burin par Levasseur, le premier graveur en taille douce attaché à la manufacture. Le genre plut si bien, qu'il fallut monter une seconde machine et préparer de nouveaux cuivres. Dès 1782, le nombre de dessins gravés au burin s'élevait à près d'une centaine. L'impression à la planche entrait pour 55.000 aunes dans la production totale de la manufacture (2).

1. La copie de certains dessins de l'Inde exigeait parfois près de deux cents planches (DELORMOIS, *l'Art de faire l'indienne*, 1770, p. X).
2. Environ 500.000 aunes.

II

Au mois de septembre 1770, les frères Oberkampf, ayant accompli leurs dix années de résidence en France, obtinrent des lettres de naturalisation. Le 6 juillet 1774, Christophe-Philippe épousa à la chapelle de l'ambassade de Suède Marie-Louise Petineau, fille d'un négociant protestant d'Orléans, et le marquis de Beuvron, François d'Harcourt, seigneur de Jouy, présenta sa première fille au baptême (1). Une ère de prospérité sans pareille s'ouvrit pour la manufacture.

Oberkampf avait eu un trait de génie en s'établissant aux portes de Versailles, à quelques lieues de Paris. A une époque où il était de mode de s'intéresser à l'industrie du royaume, où chaque grand seigneur protégeait plus ou moins une manufacture, toute la belle société vint visiter l'atelier de Jouy. Son peuple d'ouvriers et d'ouvrières, subdivisant la tâche à l'infini et travaillant pour ainsi dire dans la main l'un de l'autre, ses chefs, ses sous-chefs, son directeur étranger et d'une simplicité originale à la Jean-Jacques, tout cela piqua la curiosité au même point que la grandeur inusitée des bâtiments et l'ingéniosité des machines. Les femmes s'extasièrent sur cette jolie industrie, si propre et si pimpante, qui multipliait sous leurs yeux des flots de robes, de mouchoirs ou de tentures, et, de loin, en découvrant sur leur route les prairies de Jouy diaprées par les pièces à l'étendage de couleurs aussi vives que les champs de tulipes de Hollande, elles faisaient arrêter leurs carrosses et couraient demander à Oberkampf une parure nouvelle (2).

Un jour, c'est la duchesse de Choiseul qui vient faire copier un grand dessin de meuble. Le duc de Gontault fait reproduire une toile de l'Inde avec une telle fidélité que toute la cour reste quelque temps dans l'erreur. Une grande dame, ayant vu

1. Ce mariage protestant, célébré à l'ambassade de Suède, *réputée terre étrangère*, ne fut régularisé que sept ans plus tard à la chapelle de Hollande. Le ménage avait alors deux enfants vivants : Marie-Louise, dite Julie, née le 7 septembre 1777, devenue plus tard Mme Feray, et Christophe, né le 19 décembre 1779 et mort le 5 avril 1792. La filleule du marquis de Beuvron, Anne-Françoise-Julie, mourut en bas âge.

2. Une aile du bâtiment principal servait de séchoir couvert. Le mur était garni intérieurement de râteliers fixés au toit, sur lesquels on étendait les toiles; quand le temps le permettait, elles flottaient le long de la façade jusqu'au rez-de-chaussée, habillant ainsi la manufacture de couleurs bariolées.

se déchirer sa robe de Perse, accourt à Jouy pour faire réparer le malheur : la précieuse étoffe est imitée jusqu'à l'illusion. Les enfants de France, le comte d'Artois et son frère le comte de Provence, prennent plaisir à visiter les ateliers, et s'essayent à imprimer. La jeune dauphine Marie-Antoinette, à peine plus âgée que ses beaux-frères, vient se promener dans les jardins de la manufacture (1) et entendre parler allemand par Oberkampf et ses compagnons. Trianon, Saint-Cloud, Bellevue, Montreuil, d'autres résidences royales, sont décorées d'indiennes de Jouy. On imprime sur des percales de l'Inde des robes de 7 aunes et demie, qui valent jusqu'à 240 livres !

Mais ce qui fait de cette vogue un succès durable, c'est la qualité exceptionnelle de la fabrication. Nous dirons plus loin quel goût parfait distinguait les modèles d'Oberkampf, ses mignonnettes, ses fleurs semées, ses grandes raies, ses fonds bleu, rose, puce ou bronze, et comment, à une époque où la plupart des manufactures n'employaient que des graveurs, qui s'attachaient à copier et à recopier les échantillons rapportés d'Angleterre, de Suisse, de Hollande ou des Indes, l'atelier d'Oberkampf possédait des dessinateurs originaux, capables de rivaliser avec ceux d'Orange, les plus réputés dans la partie (2). Mais dès maintenant, nous pouvons établir qu'aucune fabrique ne pouvait lutter avec la sienne pour la qualité des tissus et la solidité des couleurs.

Jaloux de sa réputation et partisan du grand teint, Oberkampf se refusa, en effet, constamment à faire usage des couleurs petit teint, que lui demandaient certains acheteurs. Il perdait ainsi la ressource des nuances éclatantes et variées qui permettaient à ses rivaux de composer des modèles parfois plus séduisants que les siens ; mais les mots *bon teint*, imprimés au chef de chacune des pièces sorties de son atelier, étaient une vérité tellement confirmée par l'expérience, qu'elle était devenue proverbiale dans le commerce et que le nom de Jouy passait pour synonyme de bon teint. C'est à tel point que la fabrique du clos Payen, en 1789, imagina cette ingénieuse, mais déloyale réclame : « Manufacture de Vimeux et Cie sur la rivière des Gobelins *qui passe à Jouy*. Bon teint. »

Quant aux toiles, elles-mêmes, elles défiaient toute critique. Au début on imprimait des tissus fil et coton, dits *siamoises*, achetés en Normandie et en Beaujolais,

1. Ces souvenirs furent rappelés par le comte d'Artois, lui-même, en juin 1816, dans sa visite à la manufacture de Corbeil. La dauphine avait perdu à Jouy une montre qui lui fut rendue par le précepteur des enfants Oberkampf. Un dessin de mouchoir, de 1773 ou environ, alternant les lys et les roses et marqué d'une couronne fermée, semble se rapporter à ces visites.

2. « C'est sans contredit cette fabrique, dit Delormois (1770), qui fait le mieux en France ; car, dans presque toutes les autres, on n'a jamais connu d'autres dessinateurs que des graveurs qui à force de calquer des dessins sur le bois pour graver se sont insensiblement cru dessinateurs, et se sont donnés pour tels » (p. 3).

ou des toiles entièrement en coton, vulgairement appelées *indiennes*. Mais bien vite Oberkampf se décida à employer les tissus importés directement de l'Inde, ce que ses concurrents n'avaient pas encore osé faire. Il devint le grand client de la Compagnie des Indes, dont il allait acheter les cargaisons de mousselines et de percales à Londres, puis à Lorient, quand elle y eut établi un comptoir.

En même temps, il se faisait expédier par son père et son beau-frère Widmer des toiles fines d'Hérisau, de Saint-Gall, de Winterthur, et comme il lui fallait pour les grands dessins d'ameublement des qualités et des largeurs qui ne se trouvaient pas dans le commerce, il en faisait fabriquer tout exprès chez les tisserands de l'Argovie. On les blanchissait à Aarau, pour qu'elles arrivassent à Jouy toutes prêtes à être imprimées (1).

Une telle probité industrielle ne pouvait manquer d'attirer les encouragements officiels.

Le 19 juin 1783, sans doute à l'instigation de Necker, protecteur de Demaraise,

des lettres patentes conférèrent à Jouy le titre de manufacture royale, avec tous les privilèges attachés à cette distinction : droit de marquer les toiles aux armes du roi, de faire figurer sur la porte principale l'inscription : « Manufacture royale de toiles peintes », de vêtir le portier des couleurs et des insignes royaux, sans parler du droit d'exemption pour le maître des charges de milice, guet, patrouille, de l'interdiction pour les ouvriers de quitter le travail sans avoir obtenu leur congé, sous peine de prison et d'amende, et la défense aux directeurs des autres manufactures de les engager sans s'être assurés qu'ils étaient libres d'engagement.

Quelques années plus tard, Christophe-Philippe reçut des lettres de noblesse (mars 1787). L'artisan luthérien d'Aarau eut son blason composé par d'Hozier de Sérigny, juge d'armes de la noblesse de France : d'azur à la colonne d'argent, surmontée d'un coq de même, au chef cousu de gueules, chargé de trois annelets d'or, avec la devise *Recte et vigilanter*.

Cette période de la carrière de Jouy, la plus glorieuse peut-être et la plus artistique, ne fut pas moins féconde en résultats financiers. Les bénéfices annuels, infé-

---

1. La manufacture de Philippe-Jacob Oberkampf à Othmarsingen fut au début une véritable succursale de Jouy pour l'achat des toiles, la gravure des bois, les achats de couleurs et de garance, le recrutement des ouvriers, etc.

rieurs au début à 10.000 livres, dépassèrent bientôt 100.000 livres, et plusieurs inventaires, entre 1779 et 1789, se chiffrèrent par 500.000 et 600.000 livres de bénéfices. Oberkampf trouva qu'il avait assez travaillé pour son associé et résolut de fixer cette fortune dans sa famille.

Cruelle détermination pour Demaraise! Par leur acte de société, signé pour la première fois le 1er janvier 1764 et renouvelé sans doute à plusieurs reprises, l'établissement appartenait par moitié à chacun des deux associés et, en cas de mort pendant la durée du contrat, devait faire retour au survivant. Ces conventions pleines de sagesse, lorsque rien ne faisait prévoir le développement extraordinaire de l'entreprise, devenaient inacceptables du moment qu'elles pouvaient dépouiller la famille du survivant d'un héritage de plusieurs millions. Oberkampf atteignait alors la cinquantaine. Veuf de sa première femme, enlevée par la petite vérole le 17 avril 1782, à peine âgée de 31 ans, il venait de se remarier avec la fille d'un négociant protestant de Caen, Anne-Michelle-Élisabeth Massieu (27 mars 1785). Un premier fils, Alphonse, leur était né, le 6 janvier 1786. Avec ses enfants du premier lit, Julie et Christophe, il élevait ses deux beaux-frères, Petineau aîné et James Petineau, et son neveu Samuel Widmer, élève de Charles et de Berthollet, qui promettait de devenir un chimiste distingué. Il fallait à tout prix empêcher la manufacture de sortir de la famille.

Le 27 juillet 1787, Oberkampf prévint son associé de ses intentions : « La Providence, lui écrivit-il, m'a donné des connaissances et les a fait fructifier. Je manque-

rais essentiellement à mon devoir envers les miens, si je ne cherchais les plus sûrs moyens de les leur transmettre et de leur former un établissement utile et honorable : il est temps que j'y pense; j'ai cinquante ans, je ne saurais m'y prendre trop tôt pour le cimenter et lui donner la solidité nécessaire, ce que je ne peux faire avec sûreté, tant que je serai en Société. Ces considérations m'obligent à une séparation plus ou moins prochaine, qui me coûte beaucoup et à laquelle je pense depuis longtemps. » Comme compensation, le contrat étant expiré depuis le 31 décembre 1785, Oberkampf offrait à Demaraise de le renouveler encore pour quatre ans, à condition que le 31 décembre 1789 l'avoir social serait partagé et que l'établissement lui resterait.

Le désespoir de Demaraise fut sans bornés. Mais après un échange de lettres plutôt vives, où le reproche d'ingratitude trouva naturellement sa place, il fut bien obligé d'accepter une situation à laquelle il ne pouvait rien changer. Au mois de septembre, la paix était faite et il écrivait à Oberkampf : « Chacun, mon cher associé, a sa façon de voir et de sentir. Je ne blâme pas la vôtre ; elle est marquée au coin de la sagesse et de la prévoyance, peut-être autant pour nous que pour vous, mais l'habitude de l'attachement, fortifiée par un si grand nombre d'années, est telle qu'il en coûte infiniment de relâcher ainsi les liens d'une union qui, tout intérêt à part, faisait le charme le plus doux de ma vie, avec l'intime persuasion que la mort seule pouvait en abréger la durée. »

Le 31 décembre 1789, la dissolution fut définitive. L'avoir social se montait à 8.828.904 l. 18 s. 2 d. Demaraise eut pour sa part près de 4 millions et demi, intérêt raisonnable, on en conviendra, pour les 50.000 ou 60.000 livres qu'il avait apportées à l'entreprise, bien capable en tout cas d'adoucir ses regrets. Mais les événements politiques, plus que tout le reste, se chargèrent de lui faire oublier l'amertume de sa retraite involontaire. A peine son « cher associé » avait-il terminé sa première année d'exploitation personnelle que la Révolution éclatait.

Certes, si jamais le génie commercial d'Oberkampf eut à se faire jour, c'est pendant cette période troublée, où, en dépit de la mode des déshabillés d'indienne égalitaires, la fabrication se trouva réduite à des proportions désastreuses et la manufacture entraînée à deux doigts de sa perte. Dès le début du mouvement, l'avisé industriel avait cependant sacrifié aux idées nouvelles. Une planche de cuivre gravée par Huet, et répandue dans toute la France par centaines de pièces, avait célébré la fête de la Fédération. A mesure que les événements se précipitèrent, il sut donner à propos d'opportuns témoignages de civisme, et si son attachement au régime révolutionnaire dut paraître aux yeux des sans-culottes de Jouy moins « bon teint » que ses indiennes, sa caisse ouverte dans toutes les grandes occasions lui permit de traverser sans encombre l'époque des troubles. En novembre 1789, c'est 50.000 livres qu'il verse à la souscription patriotique. L'année suivante, il souscrit 2.000 livres pour l'envoi de dix volontaires à l'armée du Nord. En 1793, il verse 5.000 livres à la bourse des volontaires, 25.000 livres à l'emprunt forcé, 60.000 livres à l'emprunt national. En 1794, il souscrit 3.000 livres pour l'équipement d'un cavalier et 16.500 livres pour la contribution de guerre. Tout aussi opportunément, il se laisse nommer maire de Jouy (nov. 1791), met son neveu Widmer à la tête de la garde nationale et de la Société populaire dont son beau-frère Petineau est secrétaire (déc. 1793). Il couronne les bustes de Marat, de Lepeletier de Saint-Fargeau et de Brutus, qui vont remplacer au Temple de la Raison les statues de saints détrônés (11 avril 1794). Bref, il se rend si peu suspect que le Comité de Salut public lui adresse cette réquisition, qui ressemble fort à une sauvegarde pour la manufacture :

« Paris, le 3 floréal, l'an 2 de la République une et indivisible.

« Le Comité de Salut public, en vertu du décret du 27 germinal concernant les mesures de police générale de la République, requiert le citoyen Oberkampf pour être employé à continuer avec sa femme et ses enfants ses opérations qui ont été reconnues utiles à la République.

« Les membres du Comité de Salut public :

P. BARÈRE, COLLOT D'HERBOIS, BILLAUD-VARENNE, CARNOT, R. LINDET. »

Mais toute la sagesse humaine ne pouvait remédier à l'effrayante dépréciation des assignats, ni aux pertes du cours forcé, qui permettaient aux débiteurs peu scrupuleux de s'acquitter avec du papier perdant 75 p. 100 de sa valeur. En vain Oberkampf imagina-t-il d'envoyer son beau-frère à Lorient acheter aux ventes de la Compagnie des Indes toutes les toiles disponibles, quelle qu'en fût la quantité, échangeant ainsi ses assignats contre de bonnes percales qui s'entassèrent dans ses magasins (1). En vain profita-t-il des ventes de biens nationaux, en 1795, pour acheter la ferme de Bouviers, près de Saint-Cyr, qui contenait la source de la Bièvre, et trois mois plus tard le domaine du Montcel, resté depuis lors dans la famille. De 1793 à 1796, on ne put faire d'inventaire ; le résultat de l'exploitation ne se chiffrait que par des pertes.

Ces années néfastes ne furent pourtant pas perdues pour l'avenir de la manufacture. Dès le printemps de 1791, Oberkampf, confiant dans le succès de sa nouvelle direction, n'avait pas craint de jeter les fondations d'un vaste bâtiment dressé sur les plans de l'architecte Toussaint Barré. Deux ans après, la manufacture était pourvue d'un édifice de 110 mètres de longueur, à trois étages, avec grenier mansardé (2), et Samuel Widmer, qui dès cette époque avait la haute main sur toute la partie technique, réorganisait les services.

Dans l'immense rez-de-chaussée, on avait réservé du côté du couchant un espace de huit croisées, pour placer les presses d'impression à la planche de cuivre. Tout le reste formait l'atelier principal, c'est-à-dire l'imprimerie au bloc, qui contenait 132 tables disposées sur deux rangées, éclairées par 88 fenêtres. Chaque imprimeur, ayant au bout de sa table un châssis et un tireur pour étendre sa couleur, 264 travailleurs, au total, fonctionnaient de chaque côté de cette salle. Au-dessus, et à l'extrémité de chaque table, était fixé au plancher un râtelier de petits rouleaux pour suspendre et faire sécher la toile, à mesure qu'une pièce était imprimée. Entre toutes

1. Les achats de 1791, tant à Lorient qu'à Rouen et dans le Beaujolais, montèrent à 1.400.000 livres, valeur en numéraire. Il en fut de même en 1792.
2. Le bâtiment resta debout jusqu'en 1864.

ces tentures suspendues, figurant au milieu de la salle une longue galerie bariolée, il restait une large voie pour la circulation et les besoins du service.

Le premier étage comprenait la chambre des dessinateurs et des graveurs en cuivre, le cabinet des modèles, la chambre des graveurs sur bois, — vaste salle prise dans toute la largeur du bâtiment, où travaillaient sur un établi continu 36 à 40 artistes, — le bureau de classement des toiles, la chambre des moules, où sur des éta-

Jouy ce 22 Janv 1810
rep. le 25 d.

Je Doit, mon Cher Feray, a M. Barré le
Plan quil a fait p. le Bâtiment de la filature
Je Desire m'en aquiter avec lui, Je Voudrait
que Vous lui Envoyer a St Port par une
Voiture de la maison trois Pagniers de Vin
Rouge du Clos de Vougeaux de Chacuns de
25 Bouteilles. 50 de bon Caffé x 100 de
bon Sucre Vous payerai le tout x porterai
le montant au Ct de la filature,
en faisant la Demande a Mr t x Ravel de
me bien Server Vous luiy Demanderai 4
Pagniers, de plus Donc Vous en garderai
Deux a Paris x Euverai Deux a Chantemerle
que Je Souhaite que Vous le Buver en
bonne Santer Je vous Embrase de tout mon
Coeur x Vt Cher famille — Oberkampf

3 / 4 / 7

^ de Vin Rouge
+ et en Debiterau mon Ct

Lettre autographe d'Oberkampf.

gères étaient classées toutes les planches de bois susceptibles de resservir (1), et enfin l'imprimerie des rentreurs et rentreuses qui occupait environ 40 tables.

A l'étage supérieur, la chambre des pinceauteuses groupait 300 ouvrières travaillant par 10 ou 12, assises à des tables symétriquement rangées. Tout le surplus

1. Au moment du transfert, les dessins imprimés au bloc dépassaient 10.000, ce qui avec les rentrures supposait 25 à 30.000 planches. On prit le parti de brûler les plus anciennes, en respectant les modèles ayant eu le plus de succès.

de l'étage était réservé aux magasins de toiles blanches, apprêtées pour l'impression ou aux toiles déjà imprimées.

Au-dessus, le grenier formait une galerie sans divisions où séchaient les toiles peintes à fond unique que l'on y suspendait horizontalement par la lisière.

Cet ensemble était complété par les anciens bâtiments, réservés aux bureaux, aux ateliers d'emballage, aux magasins, au séchoir, à l'étendage, à la teinture et par une petite construction annexe destinée à la préparation des couleurs, où Samuel Widmer installa un laboratoire de chimie. Non loin de là, au-dessus de la Bièvre, fonctionnait la première blanchisserie chimique d'après le système de Berthollet. L'illustre savant était venu présider lui-même à l'installation (1792).

Enfin, l'année suivante, l'établissement s'augmenta de la manufacture d'Essonnes que Frédéric Oberkampf recéda à son frère (1). Elle devint une annexe de Jouy, principalement pour le blanchiment et la teinture, qui exigeaient une abondance d'eau presque toujours impossible à trouver dans la Bièvre. On y installa, ainsi qu'à Jouy, des batteries circulaires, destinées à remplacer l'ancienne batterie de 1770. Ces machines se composaient d'un plateau circulaire de 12 pieds de diamètre, formé de madriers assemblés à claire-voie, et tournant au-dessous d'un système de battes ou battoirs, sous un courant d'eau continuel. Cinq ou six révolutions suffisaient au battage et au dégorgement des pièces.

Toutes ces améliorations furent complétées par une innovation de Samuel Widmer, dont la portée, inconnue au début, devait dépasser de beaucoup celle de tous les perfectionnements apportés jusque-là à l'indiennage. Nous voulons parler de la machine à imprimer au rouleau.

Les premières expériences remontaient à Jouy à 1793, mais ce n'était pas à proprement parler une invention. Dès 1770 (2), l'Écossais Th. Bell avait eu l'idée de graver en creux les cylindres de cuivre et de les monter sur un bâti de calandre. Non seulement l'impression au rouleau s'était implantée en Angleterre, mais dès 1775 Bonvalet, d'Amiens, se servait d'une machine à cylindre pour imprimer les étoffes de laine (3). L'introduction du rouleau à Jouy n'en fut pas moins un des événements les plus considérables dans l'histoire de la manufacture. Au mois de septembre 1797, quand la première machine construite dans les ateliers de Chaillot commença à fonctionner, on s'aperçut qu'elle imprimait facilement 5.000 mètres par jour. C'était le travail moyen de 42 imprimeurs au bloc (4).

1. Frédéric Oberkampf se retira à Corbeil pour y mourir à la fin de 1798.

2. On ne saurait se montrer trop prudent dans l'histoire des inventions industrielles. On trouve la description de l'impression au rouleau dans un traité de 1699 (GLOREZ, *Wollstoen dingen Haus und Land bibliotheck*, cf. Depierre, p. 31).

3. Roland de la Platière, *l'Art de préparer et d'imprimer les étoffes en laines*, 1780.

4. Les ouvriers de Jouy appelèrent la nouvelle machine le « bastringue », sans doute à cause du bruit des rouages.

La chute du Directoire et l'avènement du Consulat, en ramenant en France la confiance publique, ouvrirent pour la manufacture de Jouy une ère de prospérité qui ne peut se comparer qu'aux plus belles années du règne de Louis XVI. Prospérité purement industrielle, d'ailleurs. Elle réside tout entière dans les nouveaux procédés d'impression, et la prépondérance des modèles gravés pour le cylindre s'exerce au détriment des qualités artistiques de la fabrication. Mais en se plaçant uniquement au point de vue du succès commercial, quel triomphe pour Oberkampf et ses collaborateurs !

Non seulement la manufacture déploie une activité de fabrication qu'on n'eût jamais pu prévoir, mais elle imprime à façon des milliers de pièces pour les maisons de Lyon et de Montpellier, incapables de soutenir la concurrence, de Mulhouse, dont l'annexion récente a bouleversé les conditions économiques de l'industrie cotonnière. « C'est M. Oberkampf, dit un de ses concurrents, Jacques Dollfus, son voisin à la manufacture de Bièvres (1), qui a exploité le premier en France l'impression au rouleau. Je crois que c'est en 1800 que parurent les premiers produits de cette impression. En 1801-2-3-4-5-6, l'exploitation en fut immense, quoiqu'elle se bornât à l'article mignonnette : un rouleau dessin petit œuf, à fond tout simple, a imprimé à lui seul plus de 25.000 pièces. Telles étaient la vogue et la réputation de la maison de Jouy sous ce rapport que les principales maisons du Midi qui se trouvaient alors à Montpellier, mais qui depuis ont cessé d'exister, contractèrent avec elle plusieurs marchés de 5.000 à 8.000 pièces. Ces maisons faisaient imprimer des masses de guinées salem purés, et d'autres toiles ordinaires de l'Inde, dont elles payèrent la façon durant six ans à 1 fr. 60 les 1.200 millimètres. Ce prix était d'autant plus exorbitant qu'il ne s'agissait que d'une seule couleur, et que les deux

---

1. Lettre publiée par Persoz, t. I, p. xx. On a trouvé dans un agenda d'Oberkampf la note suivante : « Dollfus, qui a acheté la manufacture de Bièvre, me l'a offerte six mois après et à y être à mes gages. C'est le fils de celui chez lequel j'ai travaillé comme graveur à Mulhouse en 1757. »

tiers des pièces s'imprimaient en gros violet, l'autre tiers seulement en bleu faïencé et rouge : aussi la fortune colossale de cette maison date-t-elle en grande partie de cette époque. Entre autres particularités, je tiens du beau-frère et neveu de M. Oberkampf, M. Widmer l'aîné, qui, à cette époque, dirigeait la fabrique, qu'il imprima en une seule année 64.000 pièces au rouleau à une couleur : aussi ai-je eu connaissance d'inventaires de 800.000 francs de bénéfices quoique pourtant les frais fussent considérables dans cette maison où tout ce qui regardait la fabrication se traitait en grand. »

Quelque énormes que ces chiffres paraissent, ils sont encore au-dessous de la vérité pour l'importance de la production et pour les bénéfices de la manufacture. En 1805 l'atelier n'occupait pas moins de 175 imprimeurs, rentreurs et rentreuses, 190 tireurs et tireuses, 10 imprimeurs en planches de cuivre et en cylindres gravés, 570 pinceauteuses, 3 dessinateurs (1), 5 graveurs en cuivre, 40 graveurs en bois,

MANUFACTURE . DE OBERKAMPF . A JOUY . PRES VERSAILLES . BON TEINT

30 picoteuses, sans compter les couturières, les coloristes, les emballeurs, les teinturiers, les tourneurs, un total de 1.322 personnes. Cette année-là, on imprima 1.725.000 aunes, et l'inventaire accusa un bénéfice dépassant 1.650.000 francs (2). Mais les sacrifices qu'entraînaient les perfectionnements continuels de l'outillage étaient considérables : sur ce point non plus Dollfus ne se trompait point.

L'impression au cylindre était inventée. Mais la gravure à la main des rouleaux était longue, coûteuse, délicate et même impossible pour le plus grand nombre des dessins. Après bien des essais, S. Widmer trouva en 1801 le moyen de graver les cylindres à l'aide de poinçons d'acier en relief, frappés dans le cuivre par une machine à balancier. Un double système de vis, munies de diviseurs, déplaçait l'appareil dans le sens de la longueur et de la largeur du cylindre et permettait de reporter le dessin des milliers de fois sur le cuivre à graver (3). En cinq ou six jours la nouvelle machine exécutait un travail qui demandait auparavant six mois de gravure à la main. Widmer

1. Ce nombre si réduit de dessinateurs s'explique par la vogue inépuisable des modèles, et par la simplicité des dessins qui permettaient aux graveurs de suppléer les dessinateurs. Oberkampf employait d'ailleurs des artistes du dehors.

2. Il faut dire que ce chiffre ne fut jamais dépassé, ni même atteint dans l'avenir.

3. C'est à peu près la machine à graver, telle que le mécanicien Lefebvre en construisit une vers 1802, sans doute d'après celle de Widmer. A Jouy, les frères Abolard gravèrent les premiers poinçons et devinrent bientôt d'une extrême habileté pour ce genre de travail. La progression de l'impression au cylindre fut si rapide que la réserve de cuivre commença à s'épuiser, et qu'on s'avisa de fondre des canons de luxe, pris au pape en 1798. Oberkampf fit admirer cette ingénieuse utilisation de l'artillerie papale au vainqueur d'Austerlitz quand il vint visiter la manufacture.

l'appliqua avec le même bonheur aux planches de cuivre en y apportant quelques modifications de détail (1803).

En même temps, d'incessantes recherches de laboratoire firent découvrir de nouveaux procédés chimiques. Depuis des années, l'illustre Berthollet était devenu un familier de Jouy. Il y avait envoyé son fils Amédée, qui y demeura jusqu'en 1805, étudiant l'application de la chimie à l'industrie et faisant expériences sur expériences dans le laboratoire de S. Widmer, le savant de la famille. Il y conduisait les membres de la Société d'Arcueil, Monge, Lagrange, Laplace, Fourcroy. Le ministre Chaptal lui-même, que ses fonctions officielles n'empêchaient pas de continuer ses recherches sur le rouge Andrinople, arrivait à Jouy les poches pleines d'échantillons. La furie de la chimie gagnant tout le monde à la manufacture, les dames elles-mêmes s'en mêlèrent. On demanda à Gay-Lussac, alors âgé de 24 ans, de faire un cours de chimie qui commença à l'automne 1802.

Bientôt le petit cénacle reçut un renfort inattendu dans la personne d'un jeune « colour-maker » écossais, Robert Hendry, que la rupture de la paix d'Amiens avait fait prisonnier de guerre. Oberkampf obtint pour lui, grâce à l'intervention de Chaptal, la résidence de Jouy, et le jeune teinturier prit racine au laboratoire. C'est lui et Widmer qui découvrirent le moyen de remplacer la traditionnelle et lente teinture à la réserve par l'emploi des *rongeants*, mélanges d'acides qui avaient la propriété d'enlever sur les tissus les mordants ou les couleurs qu'on y avait appliqués (1805). Les nouvelles indiennes décorées par ce procédé prirent le nom de *rongeries* (1).

A ce moment, l'Empire était proclamé, et la manufacture de Jouy allait être le théâtre d'un événement qu'on peut considérer comme le point culminant de sa carrière.

Le vendredi 20 juin 1806, entre deux et trois heures, un gendarme des chasses vint au galop annoncer la visite de l'Empereur. Quelques instants après, Napoléon et l'impératrice Joséphine arrivèrent en voiture à quatre chevaux, accompagnés d'une suite nombreuse.

L'Empereur se fit montrer la machine à imprimer au rouleau, les presses à la planche de cuivre, la grande imprimerie au bloc, tandis que Joséphine, dans la salle des dessinateurs, choisissait des vignettes pour se faire imprimer des mouchoirs de batiste.

En sortant des ateliers, le cortège, grossi de nombreux ouvriers, se trouva réuni

---

1. Le rôle d'Hendry, dessinateur, graveur, coloriste et chimiste fut peut-être plus considérable à Jouy que ne l'avoue le *Mémorial* de Gottlieb Widmer. On ne peut cependant lui attribuer la construction de la machine à cylindre, comme le voudrait la lettre de Dollfus, citée plus haut : « Il en dut toutes les machines (d'impression au rouleau) à un mécanicien anglais M. Handrès *(sic)* qui resta quinze ou dix-huit années attaché à son établissement. » Robert Hendry serait alors venu à Jouy bien avant 1804, date donnée par G. Widmer.

Vue de la Manufacture de Jouy vers 1805, peinture anonyme.
(Mairie de Jouy-en-Josas.)

au pied du bâtiment neuf à l'entrée de la prairie (1). Là, l'Empereur, feignant de s'apercevoir qu'Oberkampf n'était pas décoré, détacha sa propre croix de la Légion d'honneur et l'épingla sur la poitrine du vieil industriel.

Le geste impérial eut un retentissement considérable. De tous les points de la France, les félicitations arrivèrent au nouveau légionnaire. Berthollet lui écrivit :

« Mon respectable ami,

« J'ai appris avec bien de la joye l'accueil que vous avait fait l'Empereur en visitant la première manufacture de son Empire : je n'ai pas manqué de lui remettre jeudi dernier les papiers dont vous m'aviez chargé. « M. Oberkampf a l'air « d'un bien honnête homme, m'a-t-il dit, je n'avais point encore vu de si belle ma- « nufacture. » Il a pris les papiers et m'a dit qu'il s'en occuperait. Je désire que cela finisse avant mon départ, car je suis chargé d'aller présider le corps électoral des Pyrénées-Orientales : mais je ne sais pas encore dans quel tems précisément il doit s'assembler.

« Agréez les complimens bien sincères de ma femme et de mon fils et mon dévouement, mais ayez la bonté de charger votre aimable Émile ou M. Widmer des nouvelles de votre santé.

« Mes respects à Madame.

« BERTHOLLET (2). »

30 juin 1806.

L'Impératrice voulut avoir un souvenir de sa visite et chargea Isabey de reproduire la scène de la décoration, comme pendant du dessin qu'il avait fait de la manufacture des frères Sevenne, à Rouen. A la fin de juillet, l'habile artiste vint faire son esquisse à Jouy et croquer d'après nature les principaux personnages. Puis il partit pour Essonnes peindre Mme et Mlle Oberkampf et le jeune Émile qui s'y trouvaient (3).

Il ne fallut pas moins de toutes ces marques d'honneur pour faire oublier la catastrophe qui avait désolé la manufacture au printemps précédent et dont les ravages étaient à peine réparés lors de la venue de l'Empereur. Un orage inattendu

---

1. Oberkampf présenta Robert Hendry à Napoléon et obtint pour lui l'autorisation de retourner en Écosse.

2. Archives du Montcel. Les « papiers » que Berthollet avait remis à l'Empereur consistaient en deux pétitions. La première était une demande de passeport pour Hendry, l'autre sollicitait une place de page pour un de ses neveux. Cette dernière seule resta sans effet.

3. Les rapports de Jouy avec l'*Indienne* (c'était le nom donné à l'ancienne manufacture de Frédéric Oberkampf) étaient journaliers. Un grand chariot couvert comme un fourgon d'artillerie et attelé de trois beaux chevaux normands faisait un va-et-vient continuel entre les deux établissements.

avait inondé la vallée, le 25 mai. Les eaux, regorgeant dans la manufacture, avaient submergé les cours et les bâtiments du rez-de-chaussée inondant les magasins de drogues et emportant des centaines de pièces étendues sur les prairies (1).

Pour comble de malchance, l'année suivante, une catastrophe financière bien autrement grave vint fondre sur Jouy et contraindre pour la première fois son directeur à recourir à l'emprunt.

En 1804, Oberkampf avait acheté le moulin de Chantemerle, à Essonnes, tout près de l'ancienne manufacture de son frère, dans le but d'y installer une filature de coton et un tissage de calicots, dont la direction fut bientôt confiée à Louis Feray, son gendre (2). Quatre ans plus tard, après des travaux de construction longs et difficiles, dirigés, comme pour ceux de Jouy, par l'architecte Barré, la première roue de la filature fut en état de tourner. Il fallut songer à alimenter la fabrication.

De septembre 1807 à mai 1808, Oberkampf, profitant de la situation critique du Portugal, fit acheter près de 3.500 balles de coton du Brésil, déposées dans la maison des Indes, à Lisbonne, à un prix qui devait lui permettre de réaliser un bénéfice de plus de 1.000 francs par balle. Mais la guerre d'Espagne fit de cette opération, aux si belles apparences, un véritable désastre. Presque toutes les expéditions furent arrêtées par les juntes insurrectionnelles ou par l'armée anglaise. Malgré l'envoi d'un mandataire (3) spécial, qui suivit l'armée française au péril de sa vie et put retrouver une partie des marchandises éparpillées dans les villes et villages d'Espagne, sur la route de Bayonne, 2.000 balles seulement arrivèrent en France. Les balles perdues et les frais de recherches représentant une perte de près d'un million et demi, Oberkampf fut obligé, pour faire face à ses engagements, de s'adresser à Pourtalès, de Neuchâtel, qui lui consentit un prêt de 600.000 francs.

On put croire, tout d'abord, que l'embarras demeurerait passager. Après le succès de la campagne de Wagram, le malaise commercial amené par le blocus continental se dissipa et, la filature d'Essonnes et le tissage de Chantemerle aidant, la manufacture retrouva pour quelques années sa prospérité des meilleurs jours. Mais les guerres incessantes, la rareté de l'argent, les vides apportés par les levées d'hommes dans le personnel ouvrier, firent de l'époque impériale une période plus riche en gloire qu'en résultats financiers.

---

1. Ce désastre se reproduisit le 1ᵉʳ juin 1811. Plus de 1.200 pièces furent littéralement hachées en morceaux.

2. Louis Feray, fils d'un négociant de Rouen, avait épousé Julie Oberkampf le 5 mai 1797. Le même jour on avait baptisé les deux sœurs de la mariée, Émilie, née le 29 mai 1794 (plus tard Mme Jules Mallet) et Laure (Mme James Mallet). Des deux fils qu'Oberkampf avait eus de son second mariage, l'aîné Alphonse, né le 6 janvier 1786, mourut à l'âge de 16 ans, le 29 janvier 1802; le plus jeune, Émile, né le 1ᵉʳ novembre 1787, succéda à son père dans la direction de la manufacture.

3. Ludwig Katzemberger, parent d'Oberkampf par sa mère.

En 1806, avait eu lieu l'Exposition des produits de l'Industrie au Louvre. La manufacture y avait pris part, et s'était vu décerner la médaille d'or de première classe pour l'ensemble de ses indiennes, et en particulier le beau dessin pour meubles, *le Meunier, son fils et l'âne*, imprimé en amarante.

L'année suivante, S. Widmer, toujours à la recherche de nouveaux perfectionnements, installa à Jouy la première marmite « autoclave » pour la préparation des ingrédients nécessaires aux rongeries. Puis il imagina de faire servir la vapeur d'eau au chauffage des chaudières pour la teinture, et fit l'expérience de son procédé au mois de juin 1809, en présence d'une délégation de chimistes et de physiciens de l'Institut. Les bâtiments de l'ancienne teinturerie furent rasés et remplacés par un nouvel atelier, où une seule chaudière de cuivre, avec des tuyaux convenablement disposés, distribuait la vapeur nécessaire au chauffage de huit grandes cuves de bois. On réalisait ainsi une économie considérable de combustible, tout en régularisant singulièrement l'opération de la teinture, et on permettait à l'ouvrier de conduire à son gré la chaleur du bain.

Mais l'invention qui fit le plus d'honneur à l'élève de Berthollet fut la découverte du vert solide d'une seule application, pouvant s'imprimer à la planche et au rouleau(1). Cette couleur, que les chimistes anglais cherchaient en vain depuis longtemps, malgré l'appât d'un prix de 50.000 francs proposé par la Société royale de Londres, fut employée pour la première fois à Jouy. Le 20 avril 1810, lorsque l'Institut de France décerna à Oberkampf son grand prix décennal, destiné à récompenser le fondateur de l'établissement le plus utile à l'industrie, le vert solide figura au premier rang dans le rapport du Jury.

Cette année-là, une nouvelle venue de l'Empereur, aussi inopinée que la première, mit encore la manufacture en émoi. Le 25 août, Napoléon arriva à Jouy, accompagné de l'impératrice Marie-Louise et des maréchaux Duroc et Caulaincourt. Moins courageuse que Joséphine et enceinte alors du roi de Rome, Marie-Louise recula devant la visite des travaux. On monta au grand magasin ombragé par les toiles suspendues intérieurement à l'étendage.

Napoléon s'assit sans façon sur une pile d'indiennes, et, en l'absence d'Oberkampf, James Petineau et Widmer firent passer sous les yeux des majestés impériales les plus beaux modèles de la manufacture. La visite dura tout au plus une heure. L'Empereur, en remontant en calèche, recommanda de faire venir Oberkampf à Saint-Cloud, avec une corbeille de ses plus belles indiennes, pour faire des cadeaux aux dames de la cour.

---

1. Jusqu'alors on n'obtenait du vert bon teint que par deux applications successives de bleu d'indigo sur le jaune ou de jaune sur le bleu d'indigo.

Le 2 septembre, le patriarche de Jouy fut reçu en tête à tête par Napoléon, pendant son déjeuner, et eut à répondre à une foule de questions, dont il nota, aussitôt son retour, les principales :

« Comment avez-vous commencé votre établissement ? N'est-ce pas que c'est le premier million qui est le plus difficile à gagner ?

« Je lui ai dit qu'on avait beaucoup trop exagéré ma fortune dans les journaux, et qu'elle avait été bien écornée par la perte de 1.500 balles de coton en Espagne.

« Il m'a répondu qu'on lui avait assuré que j'avais partagé 10 millions avec un associé, vingt ans auparavant.

« Combien avez-vous d'enfants ?

« Combien leur donnez-vous de dot ?

« Avez-vous un fils ? s'occupe-t-il de vos affaires ? ou mange-t-il son bien comme cela arrive d'ordinaire ?

« Il m'a dit avoir fait le nouveau tarif des Douanes afin d'empêcher la contrebande (1). Je lui ai fait observer qu'il avait trop imposé les cotons ; il m'a répondu qu'il ne prenait que le prix des contrebandiers... que toutes les puissances, étaient obérées et que lui seul avait de l'argent, que la Hollande payera 50 millions et empêchera les Anglais d'y faire la contrebande que l'ancien Gouvernement avait tolérée, qu'il fera brûler toutes les marchandises fabriquées qu'on a saisies et poursuivra les contrebandiers partout.

« Qu'il avait donné 3 millions pour planter la plaine de Rome en coton et que cela vaudra mieux qu'un pape ; qu'il fallait lui dénoncer où se fait la contrebande.

« Combien payez-vous votre homme en Angleterre ?

« Pouvez-vous travailler à aussi bon marché que les Anglais ? Pour combien vendez-vous en Italie ? Quel terme donnez-vous ? »

Une relation écrite après la mort d'Oberkampf (2) prête aussi ce mot à l'Empereur : « Vous et moi nous faisons une bonne guerre aux Anglais, vous par votre industrie et moi par mes armes. » Puis il aurait ajouté, comme par réflexion : « C'est encore vous qui faites la meilleure. »

Nous croyons inutile de faire remarquer qu'il s'agit d'un mot d'auteur, forgé soûs la Restauration, à une époque où il était de bonne politique de rabaisser la gloire militaire de l'Usurpateur.

---

1. Dans le *Mémorial de Sainte-Hélène*, à propos de ce tarif douanier, Napoléon écrit : « J'ai consulté Oberkampf. »
2. *Notice nécrologique* par M. PHILIPPON, précepteur des enfants Oberkampf.

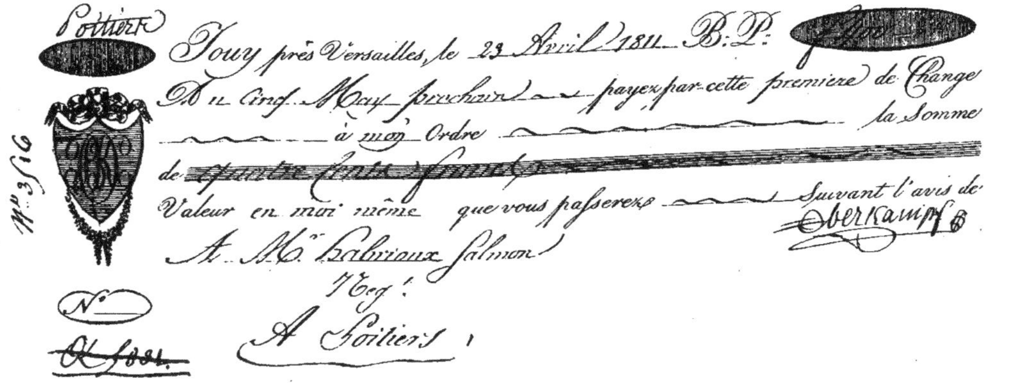

Lettre de change signée par Oberkampf.

IV

Nous voici arrivés à l'apogée de la carrière de Jouy. Désormais la célèbre manufacture continuera sa marche, en vertu de la force acquise par un demi-siècle de prospérité inouïe; elle ne progressera plus. Bientôt le moment viendra, où, comme toutes les choses humaines, elle entrera dans le déclin et disparaîtra à son tour de la face du monde.

Le moment est donc venu de jeter un regard en arrière, et dans la longue période où nous avons suivi l'évolution de l'outillage industriel, depuis le simple bois gravé jusqu'au cylindre actionné mécaniquement, d'étudier l'évolution du décor, en cherchant dans quelle mesure le sentiment artistique a imprégné les modèles de la manufacture à chaque phase de son existence.

Détruisons d'abord une légende. Les grands dessins pour meuble en camaïeu, — *le Meunier, son fils et l'âne, les Quatre Saisons, la Fête villageoise* et vingt autres — si populaires et si souvent reproduits, sont loin de jouer le premier rôle dans la fabrication de Jouy. Ils ont certainement puissamment contribué à sa renommée, comme une « réclame » bien entendue, mais ils n'ont jamais compté que pour un faible appoint dans la production totale. Un ameublement ne se renouvelait pas comme une robe ou un fichu. La mode en changeait moins vite, la vente demeurait plus restreinte. D'ailleurs la gravure de ces grandes planches de cuivre, longue et coûteuse, le prix élevé des dessins à payer aux artistes obligeaient à limiter le nombre des modèles. C'étaient les indiennes pour vêtement qui formaient à Jouy, comme dans les autres manufactures, le gros article de la fabrication, c'est à leur succès inouï que son directeur dut sa colossale fortune.

Est-ce à dire pour cela que l'art n'a rien à voir aux dessins de ces modestes tissus qui firent si longtemps les délices des Françaises de condition moyenne? Loin de là. Le bon goût — ou plutôt le goût tout court — quand il est appliqué à la parure féminine, touche de si près à l'art qu'il est permis de les confondre. Tel modèle de Jouy, composé de simples raies ou de fleurs naturelles, satisfait l'œil aussi complètement qu'une copie de l'Inde en six ou sept couleurs, chef-d'œuvre de fabrication plus éclatant, mais moins original. Malheureusement, pour cette revue de l'indienne d'habillement, les documents font singulièrement défaut. On trouve encore des camaïeux à personnages intacts sur les lits ou les canapés de province, et leur merveilleuse qualité les a si bien préservés qu'ils ont traversé des lessives successives sans presque rien y perdre de leurs jolies nuances roses ou mauves. Mais les indiennes pour robes, portées jusqu'à l'usure, ont fini depuis longtemps dans la hotte du chiffonnier. C'est une chance bien rare que de retrouver, dans une armoire de campagne, le tablier de noce ou la robe des dimanches d'une aïeule, conservés comme des reliques par ses arrière-petits-enfants. D'autre part, le matériel de la manufacture s'est trouvé dispersé aux enchères en 1845, et nous n'aurions pour nous guider que les échantillons du Montcel, conservés dans les lettres de commande des clients d'Oberkampf, si un dessinateur sur étoffes, M. Parguez, n'avait eu l'heureuse idée d'acheter à la vente des albums de référence qui font aujourd'hui l'orgueil de la bibliothèque de l'Union centrale des Arts décoratifs, où les modernes décorateurs les copient et recopient depuis vingt ans. Malheureusement, pour leur faciliter leur butin, on a cru devoir casser les reliures et ranger les échantillons et les dessins par « genres ». La précieuse collection a perdu beaucoup de sa valeur documentaire (1).

La période sur laquelle nous sommes le moins bien renseignés — autant dire que nous ne savons rien — c'est celle du début. Tout au plus pourrions-nous rapporter à ces premières années certains camaïeux grossièrement gravés, imprimés en rouge ou en bleu de faïence, avec des petits personnages sur fond picoté, au milieu de dessins d'arabesques. C'étaient les chefs-d'œuvre de Bossert, de Christensen, de Voet et des premiers graveurs de la manufacture. Nous savons aussi que dès 1763, on imprimait des « mignatures », très petits dessins de fleurettes, de picots, de damiers, de carreaux, qui se faisaient déjà dans le Comtat Venaissin, et que le public accueillit dès leur apparition avec une faveur extraordinaire, sous le nom de toiles d'Orange de Jouy.

Les motifs de l'Inde à très petits dessins sur fond blanc apparaissent vers 1772, sans grand effort de la part des graveurs qui se contentent de copier assez adroitement les échantillons rapportés de Perse ou de la côte de Coromandel. Mais ces jolies étoffes à quatre ou cinq rentrures, avec plusieurs couleurs d'application, séduisent par la fantaisie de leur décor et la gaîté de leur coloris. C'est aussi l'époque des premiers « bouquets » — lisez fleurs naturelles — détachés sur fond blanc, dans toutes les dimensions, depuis les « ne m'oubliez pas » jusqu'aux roses grandeur naturelle.

---

1. Deux albums cependant sont restés intacts. Mais ils intéressent la période de 1795 à 1805.

Plus ou moins espacés, parfois jusqu'à 10 centimètres les uns des autres, combinés avec des fonds sablés, ou semés sur des fonds jaunes, caca d'oie, puce, leur variété et leur fraîcheur de ton les mettent au rang des plus charmantes créations de la manufacture. On les imprime sur des percales de l'Inde, sur des mousselines fabriquées exprès en Suisse.

De 1775 à 1780, l'atelier met au jour de grands dessins de meuble pour les châteaux royaux, avec quelquefois huit planches pour le trait seulement. On crée un dessin très simple, imitant la « natte » de jonc pour servir de housses. D'autres dessins de meuble, « l'ananas », les « lilas », ont un succès extraordinaire, tandis que pour les robes on invente des dessins riches sur fonds bronze et fonds « ramoneur ». Les grandes rayures droites, combinées avec des rinceaux de fleurs ou des enlacements de rubans, s'impriment sur fond bleu, rose ou jaune. Dès cette époque, Jouy se fait une spécialité des fonds picotés en rouge ou en bleu, réservant des arabesques ou des rinceaux avec fleurettes plus foncées formant dessin ton sur ton.

En 1781, apparaît la planche de cuivre. On y grave les mignatures, les mignonnettes et les plus délicats des anciens dessins, avec plus de détails et de travaux de taille. Un des premiers modèles nouveaux, dit le dessin « aux oiseaux », imprimé en camaïeu bleu, rencontre une vogue sans pareille. On invente un genre de gravure qui donne aux couleurs l'apparence de la soie. Pendant dix ans, c'est un déluge de gracieuses créations, où tous les motifs Louis XVI, rubans, petits paniers, trophées, se combinent avec les fleurs naturelles sous toutes leurs formes, jusqu'au moment où les rayures droites deviennent à peu près le seul type à la mode et font dire à Mercier dans son *Tableau de Paris* « que tout le monde ressemble au zèbre du Cabinet du roi » (1788).

Avec la Révolution, le goût change. On revient aux fonds bronze avec un dessin très garni et assez confus de fleurs et de feuillages coupés. Le triomphe du genre, c'est un mélange touffu d'herbages, légèrement parsemé de petites fleurs des prés, baptisé les « bonnes herbes », et vendu à profusion à la foire de Beaucaire et dans toute la Provence. Bientôt, sous le Directoire, le décor géométrique — carreaux, losanges, rayures verticales, horizontales — sévit en teintes mauve, olive ou puce. Les légers dessins de 1789 se trouvent totalement négligés.

La découverte du rouleau qui fit, comme nous l'avons vu, de 1800 à 1808, la fortune d'Oberkampf, modifie plus profondément encore le décor des tissus. La difficulté de la gravure sur les cuivres cylindriques fait adopter les dessins minuscules, mille-raies, rayures, vermiculures, réseaux. Une variété infinie de poinçons : fleurons, palmettes, pois, rinceaux, petits cercles ou ovales, losanges, etc., tient lieu d'inventions nouvelles. Les modèles ont un tel succès qu'on ne se met pas en peine

BOILLY. — Oberkampf et sa famille, dessin original.
(Collection Frédéric Mallet.)

de les renouveler. On néglige de plus en plus la recherche artistique : l'impression à la planche elle-même vit du passé.

Quand nous aurons parlé des imitations de cachemire, lancées vers 1806, des rongeries ou enlevages, datant à peu près de la même époque, et des mignonnettes imprimées en vert solide, vers 1810, nous aurons parcouru les principales étapes de la fabrication à Jouy. Mais il ne faudrait pas, dans ces évolutions successives des genres, voir des catégories absolument tranchées. La vogue des créations d'Oberkampf était si solidement établie, surtout dans les classes moyennes, où les fantaisies de la mode avaient moins de prise que dans les sphères plus élégantes, que l'apparition des nouveautés n'arrivait pas à détrôner les anciens modèles (1). Chaque province avait adopté un genre à l'abri des caprices du goût, et cette clientèle du « bon teint » n'admettait de variations que dans les détails du dessin. Les dessinateurs de la fabrique étaient arrivés à une connaissance si parfaite de ce qui convenait à cette catégorie de consommateurs qu'on ne voulait plus en province porter d'autres indiennes que celles de Jouy.

C'était, on l'avouera, une habileté qui ne manquait pas de mérite. Mais faut-il s'étonner désormais de ne pas trouver aux dessinateurs un rôle de premier plan dans la manufacture ? On connaît presque tous les graveurs : Vitry, Cavet, Mottet, Thierry, les quatre Champs, Martin, Garnier, Josse, Brémond, Godard, Marc, Chevallier, Perrière, Buchez, Bousquard, Cadioux, Beaufort, Ranson, Sabathier, Ponsot, Beguin, Lebeau, Dargère, Duval, Favre, Rougement, Keller, et bien d'autres dont les noms figurent sur les albums de référence. C'est à peine si l'on peut citer deux ou trois dessinateurs : Louis Perrenond, fils du menuisier-mécanicien, qui apprit son art à la fabrique et y resta jusqu'en 1794; Mlle Jouanon, l'habile peintre de fleurs, qui fut attachée à l'atelier vers 1774 et créa d'innombrables modèles (2); Peter enfin, le plus fécond, le plus inventif, le plus habile des dessinateurs de Jouy, au dire de Gottlieb Widmer, et qui mourut vers 1816. C'est à croire que les graveurs reportaient directement sur bois les anciens modèles ou les échantillons à copier, en les modifiant ou les combinant selon les besoins de la fabrication, et faisaient eux-mêmes l'office de dessinateurs.

Bien entendu, cette substitution économique, possible pour les petits dessins de robe ou d'habillement, devenait impraticable pour les grands modèles de meuble, et surtout pour les compositions à personnages, destinées à la planche de cuivre.

---

1. Le dessin « aux oiseaux », créé en 1781, se vendait encore en 1792. La « natte » inventée en 1778, après avoir suivi toute la carrière de Jouy, s'imprimait encore à Courbevoie, en 1856, soixante-seize ans plus tard.

2. Elle épousa quelque temps après un marchand d'indiennes de Versailles nommé Leigné. Remarquons qu'au plus fort de la fabrication, en 1805, on ne comptait dans le personnel que trois dessinateurs.

Mais pour ces travaux qui demandaient le crayon d'un artiste, Oberkampf eut la bonne fortune de rencontrer un dessinateur hors pair et se montra assez avisé pour se l'attacher jusqu'à sa mort. Nous voulons parler de J.-B. Huet, le plus spirituel et le plus fécond des peintres décorateurs du XVIIIe siècle.

Lorsque l'habile artiste entra en relations avec Oberkampf — nous ne saurions dire les circonstances de la rencontre — il était encore dans toute la force de l'âge et du talent (1); le premier dessin qu'il fit pour Jouy fut un petit chef-d'œuvre. Rien de plus gracieux que cette planche des *Travaux de la manufacture* (1783), où le peintre a représenté en groupes pittoresques et lestement campés toutes les phases de la fabrication : l'étendage des toiles sur le pré et le long des murs du grand séchoir, les cuves pour la teinture, le battage des toiles sur le pont, l'imprimeur au bloc au travail avec son tireur à ses côtés, la préparation des couleurs, l'impression à la planche de cuivre, la cloche pour appeler les ouvriers au travail, le village de Jouy et sa vieille église, le lissoir, le moulin à calandre, les pinceauteuses à leur table surveillées par Bossert, le moulinage dans la Bièvre, le dessinateur (Huet lui-même, il n'en faut pas douter), travaillant sous les yeux de Rordorf, tandis qu'Oberkampf en personne, promenant son fils Christophe par la main, détache sa silhouette sur un paysage fermé par l'aqueduc de Buc. Malgré la complication du sujet, tout se tient, tout s'harmonise. C'est de la grâce et de la gaîté sur toile.

Faut-il s'étonner, après une telle réussite, de voir J.-B. Huet devenir le fournisseur attitré de la manufacture ? Il nous a laissé toute une série de cartons, d'une exécution charmante, à la plume et au lavis, très poussés, comme il le fallait pour les travaux de la gravure. Le musée de l'Union centrale des Arts décoratifs les possède presque tous, grâce à l'heureuse générosité de Barbet de Jouy, fils du dernier directeur de la manufacture (2). La plupart ont certainement été traduits sur toile : il n'est pas certain qu'ils l'aient tous été. Oberkampf, qui ne devait pas payer fort cher des dessins dont l'invention ne coûtait guère à la prodigieuse facilité de Huet, ne pouvait craindre de lui faire des commandes à l'avance, quitte à ne les donner à la gravure qu'au fur et à mesure des besoins de la fabrication. Nous connaissons plus d'une douzaine de dessins dont la composition peut se placer entre 1783 et 1789. La manufacture n'a certainement pas imprimé ce nombre de camaïeux.

Tous ces charmants cartons ont un air de famille qui les ferait reconnaître entre mille. Huet avait adopté deux dispositions pour son décor. Tantôt, comme dans les *Travaux de la manufacture*, il semait ses scènes sur la toile blanche sans autre lien

<hr>

1. Jean-Baptiste Huet est né le 15 octobre 1745.

2. Ils ont été reproduits avec beaucoup d'autres qui ne doivent rien au crayon de Huet, sous le titre : JEAN-BAPTISTE HUET, *la Décoration au* XVIIIe *siècle*.

que des croquis plus petits pour garnir les intervalles ; tantôt, au contraire, il enca-
drait ses personnages dans des montants d'ornements à volutes, agrémentés de rinceaux ou d'arabesques fleuronnées dans le goût de Sallembier ou de Van Spaen-
donck. *L'Escarpolette, les Occupations villageoises, l'Aérostat dans le parc du château,
l'Éducation maternelle, le Couronnement de la rosière* se rapportent à cette seconde
manière : *les Délices des quatre saisons,* l'*Hommage de l'Amérique à la France, les
Plaisirs de la ferme, Au loup!, les Quatre parties du monde, le Sacrifice à l'amour,
la Fédération, Louis XVI restaurateur de la liberté,* rentrent dans la première.

Mais dans un genre comme dans l'autre, la même grâce, le même naturel ani-
ment la composition.

On ne saurait trop le redire, jamais Huet ne s'est montré animalier plus exact
et plus spirituel que dans ses camaïeux de Jouy. Si ses figures galantes ne font pas
oublier celles de Boucher ni de quelques autres, ses poules, ses lapins et ses coqs,
ses canards et ses colombes, ses chiens, ses renards et ses loups, ses chèvres, ses
moutons et ses vaches, ne souffrent aucune comparaison. Si l'on était embarrassé
pour l'attribution de quelques sujets, il suffirait d'y chercher certaines silhouettes de
bêtes qui n'appartiennent qu'à lui et qu'il a semées, comme une signature, jusque
dans ses compositions mythologiques : un petit canard huppé battant des ailes,
certainement croqué à sa ferme de Villiers-sur-Orge (1), un chien à longs poils, de
race incertaine, s'élançant pour japper sur ses pattes de derrière, où nous pouvons
reconnaître le propre chien du maître.

Ceci ne veut pas dire que les personnages de Huet n'aient pas leur charme. Bien
au contraire. Son talent aimable, incapable de considérer le monde extérieur autrement que par le joli bout de la lorgnette, son crayon un peu maniéré, dressé à traduire
l'univers entier en figurines de Saxe, ont merveilleusement transposé les pastorales
de Trianon en camaïeux roses ou bleus. C'est une adaptation parfaite de l'artiste
et de la matière. Huet semble fait pour la toile de Jouy, comme la toile de Jouy pour
son talent. A coup sûr, ce n'est pas du grand art ; c'est peut-être quelque chose de
mieux pour la décoration intérieure : c'est de l'art heureux.

Voyez sa planche de la *Fédération!* N'est-elle pas un régal des yeux avec ses jolies
citoyennes dansant sur les ruines de la Bastille, Lafayette à cheval, les gardes nationales avec leurs drapeaux (l'auteur était capitaine de la compagnie de Sèvres), les
offrandes patriotiques, Louis XVI prêtant sur l'autel de la liberté un serment que de
belles dames répètent de leurs mains fuselées comme s'il s'agissait d'une offrande à
l'amour ? Huet avait déjà consacré un autre monument à la gloire du roi. Mais cette

---

1. Cf. GABILLOT, *les Huet. Jean-Baptiste et ses trois fils.* (Les Artistes célèbres.)

première planche subit un assez curieux avatar. Le dessin, qui devait figurer l'*Apothéose du règne de Louis XVI*, et dont l'original existe au musée de l'Union centrale des Arts décoratifs, était terminé lorsque la Révolution éclata. Le sujet choisi, où figurait la Religion, un crucifix à la main, menaçait de rester pour compte à la fabrique. Oberkampf, conciliant une sage économie avec les sentiments du plus pur civisme, fit remplacer sur le cuivre un groupe d'amours par les tours de la Bastille, ôta à la Religion son crucifix pour en faire la Liberté, et écrivit sur une banderole : *Louis XVI restaurateur de la Liberté*. Après quoi on imprima la planche.

Ce furent les seules occasions où J.-B. Huet put étaler son patriotisme sur les toiles de Jouy. Les grands événements de la Révolution se prêtaient mal à la décoration, et d'ailleurs, nous l'avons vu, la crise commerciale de 1793 à 1795 empêchait de lancer de nouvelles planches. En 1796, lorsque la fabrication reprit son activité, Huet rentra à la manufacture avec un genre tout à fait renouvelé. Renonçant aux gracieux sujets de genre, à l'anecdote galante, aux pastorales d'opéra-comique, aux animaux d'éventail, il dessina toute une série de planches, — ou plutôt de demi-planches — dans le style architectural à la mode. Son talent, qui n'avait pas vieilli, aborda la mythologie et les sujets antiques avec une souplesse qu'on ne pouvait espérer. A la place des fonds blancs de ses anciennes compositions, il inséra ses nouveaux dessins dans des encadrements géométriques, cercles, médaillons, losanges, ovales, au goût du jour, et composa des fonds très garnis par d'ingénieux travaux de gravure.

C'est *la Fontaine* (1796), *Diane chasseresse*, *les Chevreuils*, *Minerve et Vénus*, *le Loup et l'Agneau*, *Léda* (1809), *le Lion amoureux* (1798), *Psyché et l'Amour* (1810), où passe comme un reflet de Prud'hon, et deux ou trois compositions d'animaux et de jeux d'enfants dans des médaillons ou des losanges pompéiens. Mais dans ce flot d'antiquité rénovée, le vieil artiste ne chasse pas assez loin le naturel pour renoncer entièrement à ses aimables compositions Louis XVI. *Paul et Virginie* (1802), *le Meunier, son fils et l'âne* (1806), pourraient prendre place à côté de ses meilleures inspirations de jeunesse (1).

Tout à fait à la fin de sa vie, Huet faisait pour Oberkampf de petits dessins d'indiennes à plusieurs couleurs, témoin ce billet autographe, dont nous respectons scrupuleusement l'orthographe :

« De Paris, ce 24 9bre 1810.

« Monsieur,

« Je vous fait pascé un dessein de 10 pouse dont je vous est montré la compo-

---

1. Le *Mémorial* donne à Huet *Tancrède et Virginie* (1800), et les *Amours musiciens* (1808). Nous n'avons pu rencontrer ces sujets.

sion *(sic)*. Je désire qui vous plaise et qui remplice vostre atendre. Je vous prie, Monsieur, pour ce dessein que je vous fait pascé de me donné 125 ᶠ· pour la voir feit aux couleur.

« Je suis, Monsieur, avec concideration,

    « Votre serviteur

                                 « HÜET. »

Billet autographe de J.-B. Huet.

Au mois d'août suivant, le vieux peintre mourait (27 août 1811). Pendant plus de vingt-cinq ans, il avait dessiné toutes les grandes planches de Jouy, sans autre rival qu'un artiste inconnu, de bien moindre talent, à qui l'on peut faire honneur, entre 1785 et 1800, de la *Pêche maritime*, du *Départ pour le marché*, de la *Kermesse flamande*, du *Ballon de Gonesse*, des *Plaisirs villageois*, des *Plaisirs de la chasse*, de l'*Éducation à la campagne*, du *Mariage de Figaro*, et d'un dessin allégorique, *la Physique et la Chimie*, à la gloire des illustres de la Société d'Auteuil, dont les initiales s'étalent sur des médaillons portés par de petits génies (1). Les *Dieux de l'Olympe* accusent plus de talent. Il se pourrait que Lagrenée en fût l'auteur.

1. Bibliothèque de l'Union centrale des Arts décoratifs.

Un autre artiste a laissé des traces de son passage à Jouy. Mais il est fort probable qu'il n'a jamais composé pour l'impression. Nous voulons parler de Boilly,

Lettre autographe de Louis Boilly à Oberkampf.

qui a fixé sur deux toiles mémorables les hôtes et les sites du lieu (1). La première

1. Les tableaux sont de l'été 1803 comme le prouve ce bon autographe d'Oberkampf : « Je prie M. Maheu de

évoque le paysage familier de Jouy, la manufacture, la guérite des veilleurs de nuit, le vieil Oberkampf s'entretenant avec son fils Alphonse que la mort venait de lui ravir; sa fille Julie, dessinant, un carton appuyé sur les genoux; Émile, assis à terre et jouant avec son chien; Rordorf étendant des toiles. La seconde groupe sous les ombrages du parc Mme Oberkampf et ses deux filles, Émilie et Laure, tandis qu'on découvre au loin « l'Élysée » du Montcel, ses tombes, et le temple de la douleur. L'aqueduc de Buc ferme l'horizon.

Dans la suite, Oberkampf continua à faire appel au pinceau de Boilly comme le prouve une demande de paiement de 216 francs qu'il lui adresse le 6 décembre 1810 pour deux portraits. L'un d'eux est certainement celui que nous reproduisons en tête de cet ouvrage et qui appartient à Mme la Baronne Oberkampf, à Bordeaux (1).

compter à M. Boilly, le cinq thermidor prochain fixé, contre sa quittance au bas du présent, la somme de trois mille ivres tournois. A Jouy, le vingt-neuf messidor an onze. »

OBERKAMPF.

« Reçu le montant du billet. »

L. BOILLY.

(Archives du Montcel.)

(1) Il existe également un très beau portrait d'Oberkampf par Gérard, appartenant à Mlle Oberkampf à Paris

V

Il semble que le bon Huet, en mourant, emporta avec lui la fortune de la manufacture.

Après deux années de médiocres affaires où le chiffre des bénéfices atteignit à peine à la moitié des inventaires moyens, les événements militaires de la fin de l'Empire et les désastres de la campagne de Russie portèrent le malaise à son comble. La fabrication garda une apparence d'activité, mais pour la première fois depuis la Révolution, le bilan de 1813 accusa un résultat négatif. Dès le début de l'année suivante, il fallut réduire le nombre des ouvriers : on ne travailla plus à Jouy que trois jours par semaine.

Seules, la blanchisserie d'Essonnes et la filature de Chantemerle conservèrent leur personnel. Cette dernière même, sous l'active direction de Louis Feray, continua à progresser et à débiter ses filés et ses calicots pour l'impression. Bien plus, il fallut lui installer en 1813, pour l'épluchage du coton brut, une succursale à Paris, rue Saint-Victor, où fonctionna la première machine à éplucher construite en France. Les frères Widmer en avaient rapporté les plans d'un voyage à Manchester, avec ceux d'une presse à imprimer en deux couleurs, qui commença à rouler à Jouy vers la même époque. L'un des cylindres était gravé en creux, comme sur l'ancien « bastringue (1) »; l'autre, en relief, remplaçait la rentrure de l'impression à la main. On obtenait ainsi des indiennes d'un genre nouveau et d'un aspect très séduisant.

Tous ces efforts industriels restèrent malheureusement sans effet, en présence des désastres des armées françaises et de l'invasion de 1814.

Au commencement de janvier, les Alliés entrèrent en Alsace. Le 19 les Autrichiens étaient à Dijon et le 25 à Bar-sur-Aube. Les 10 et 11 février, Napoléon remportait la double et stérile victoire de Champaubert et de Montmirail. Le 29 mars, l'ennemi était aux portes de Paris.

Pendant deux jours des bandes de Cosaques, détachés en maraudeurs, traver-

---

1. La nouvelle machine fut baptisée « bastringue britannique ».

sèrent au galop les rues de Jouy, et frappèrent à la grande porte de la manufacture en réclamant du *schapps* et du *touback*. Puis après la capitulation de Paris, les troupes régulières arrivèrent. Les premiers, les chevaliers-gardes de l'empereur Alexandre descendirent dans la vallée, musique en tête. Ils cantonnèrent dans le village et le colonel s'installa au Montcel avec son état-major. Ils y restèrent plus d'un mois paisiblement, les officiers donnant des aubades aux dames et maintenant la discipline parmi leurs troupes. Quand ils partirent à la fin d'avril et que le son de la petite cloche annonça la réouverture des ateliers, Oberkampf et les siens purent se croire au bout de leurs peines. Ils ne pouvaient prévoir le nouvel ouragan qui allait fondre sur la France, moins d'un an plus tard, et ramener, avec le dernier effort de l'Empire expirant, une seconde invasion plus terrible que la première.

Cette fois, le canon retentit jusqu'à Jouy. Le 1er juillet 1815, le général Exelmans, dans la plaine de Vélizy, taillait en pièces deux régiments prussiens : les chasseurs de Brandebourg et de Poméranie. Mais le lendemain, l'ennemi faisait un retour offensif, brûlait Vélizy, pillait le Petit Jouy, les Loges. La manufacture recueillit une population affolée de femmes et d'enfants. Les familles d'ouvriers campèrent dans les ateliers déserts.

Tout le mois de juillet se passa dans les transes. Des bandes de soldats ivres tentèrent de forcer les portes. Les Prussiens enlevèrent les chevaux du château. On ne respira qu'au mois d'août, lorsque l'occupation fut devenue régulière, et l'armée d'invasion logée chez les habitants. Mais, le danger passé, la manufacture reçut un coup bien autrement terrible, quand on s'aperçut que le vieil Oberkampf était frappé sans remède. Les anxiétés de ces deux dernières années avaient exercé une funeste influence sur sa santé. Il ne put résister au spectacle de ses ateliers déserts, de la vie arrêtée dans ce petit monde industriel dont il avait été si longtemps l'âme. Dès le mois d'août, il se trouva pris d'un accès de goutte, compliqué d'une fièvre pernicieuse, et le 4 octobre 1815, après quelques jours de détente qui avaient laissé envisager l'espoir d'une guérison, il s'endormit sans souffrance et sans agonie, au milieu de la désolation de sa famille et de ses ouvriers. Une foule innombrable le conduisit à l'Élysée du Montcel, sous les ombrages qu'il avait plantés, au pied du petit temple à la douleur qu'il avait élevé à la mémoire de son fils Alphonse. Le patriarche de Jouy avait soixante-dix-sept ans : il en avait passé cinquante-cinq à la manufacture.

Sa mort laissait une charge effrayante à ses héritiers. Les Alliés partis, quand on put compter les pertes et commencer à les réparer, les nouveaux directeurs se trouvèrent en face d'un établissement inactif depuis de longs mois, avec des magasins engorgés de toiles qu'on avait continué à fabriquer pour ne pas renvoyer les ouvriers et qu'il fallut déprécier immédiatement pour la vente, en face surtout d'un crédit commercial ébranlé par les innombrables faillites de ces deux dernières années. Au lieu d'une entreprise en pleine prospérité, ils eurent à remonter un courant contraire, et jamais les circonstances n'avaient été moins favorables. Jouy n'était plus la manufacture unique, celle dont les produits écrasaient tous les autres. L'inflexible régime douanier de Bonaparte n'arrêtait plus la concurrence étrangère. Les manufactures d'Alsace, les ateliers normands se développaient tous les jours. Ils travaillaient moins bien qu'à Jouy, mais ils livraient leurs produits à meilleur compte. La mode, dans la société élégante, se détachait peu à peu de ces toiles de luxe, qui l'avaient passionnée pendant un siècle et demi. Les gens de petite condition couraient au meilleur marché et se laissaient séduire par les indiennes de « faux teint », plus variées et plus séduisantes de couleur que les classiques « bon teint » d'Oberkampf.

Selon les dernières volontés du fondateur de Jouy, la manufacture resta cependant quelque temps dans la famille. Le 3 octobre 1816, une Société sous la raison sociale « Oberkampf les héritiers » se constitua entre Émile Oberkampf, ses beaux-frères Mallet et Feray et ses cousins Widmer. Émile eut l'administration et la signature sociale, Louis Feray conserva la direction de la filature, et Samuel Widmer celle de la manufacture de toiles peintes. Les autres intéressés gardèrent aussi les attributions qu'ils avaient du vivant du maître.

Pendant quatre ans, chacun s'efforça de rendre au grand établissement sa prospérité passée. Les dépôts de province, supprimés, cédèrent la place à des succursales à Rouen, à Lyon, à Toulouse, à Bordeaux, dirigées par deux des Widmer et des employés de confiance. A l'imitation des fabriques d'Alsace, Jouy eut ses commis voyageurs, qui parcoururent la France et l'étranger avec leurs cartes d'échantillons. On vit pour la première fois un comptoir de la célèbre manufacture à la foire de Beaucaire. En même temps, l'atelier des dessinateurs, réorganisé par Jules Mallet, créa de nouveaux modèles dont celui des « bayadères » — larges bandes horizontales formant bordure au bas des robes — jouit d'une vogue au moins égale à l'opéra de Catel qui lui avait donné son nom. On reprit les grands dessins de meubles, si fâcheusement abandonnés depuis la mort de Huet que l'on pouvait à peine offrir, comme nouveautés, les *Scènes romaines* de Pinelli (1811), le *Don Quichotte* de Heim (1813), le *Paysage suisse* de Demarne (1814). Jules Mallet obtint des dessins originaux du peintre Lagrenée, d'Horace Vernet, alors à ses débuts, qui composa une *Chasse à courre* où le cerf vient se faire prendre dans le parc du Montcel (1815), et surtout de l'architecte Hippolyte Lebas, élève de Percier et Fontaine, qui créa les gracieux modèles des *Colombes* (1815), de la *Marchande d'amours* (1817), et ceux, moins heureux, des *Monuments de Paris* (1816) et des *Monuments du Midi* (1818).

Mais les résultats ne répondirent pas aux efforts des associés. A la fin de décembre 1820, la Société « Oberkampf les héritiers » fut dissoute. Léon Feray devint seul propriétaire de la filature de Chantemerle, Philippe Widmer de la blanchisserie d'Essonnes, et Émile Oberkampf s'associa avec son cousin Samuel pour exploiter la manufacture de Jouy sous la raison sociale : « Oberkampf et Widmer aîné. » Le contrat fut signé pour douze ans (1er janvier 1821).

Ainsi séparée de ses annexes, la métropole n'avait plus désormais qu'à s'occuper de la fabrication des toiles peintes, dont elle possédait encore tous les éléments de succès, car S. Widmer passait à juste titre pour le praticien le plus savant et le plus habile. Malheureusement — et nous pouvons sur ce point en croire son frère Gottlieb — Widmer aîné s'exagéra les devoirs de sa nouvelle position : « Il s'imagina que sa longue participation aux travaux de son oncle, et la réputation personnelle qu'il s'était acquise, rendait sa responsabilité beaucoup plus grande que celle de son associé, et que le sort de la manufacture reposait sur lui seul. Cette erreur fit naître dans son esprit des inquiétudes fâcheuses qui, au moindre insuccès dans ses opérations, lui apparurent comme les indices d'une décadence du célèbre établissement, funeste préoccupation qui altéra rapidement sa santé. Ses forces, sur lesquelles il avait trop compté, l'abandonnèrent. Une mélancolie profonde s'empara de lui. » Le 9 mai 1821, il mit volontairement fin à une vie qui lui était devenue odieuse (1). Les journaux annoncèrent ainsi ce tragique événement :

« M. Widmer aîné, associé de M. Oberkampf de Jouy, vient de succomber à une maladie nerveuse. Cette mort inattendue jette dans la consternation sa famille et ses amis. L'industrie perd en lui un des hommes qui ont contribué à ses progrès et sa patrie adoptive un de ses plus utiles citoyens. »

Après cette page douloureuse de l'histoire de la manufacture, qu'on dirait écrite par Balzac, Émile Oberkampf chercha un autre collaborateur et crut bien faire en s'associant Juste Barbet, fils d'un fabricant de toiles peintes de Rouen, depuis longtemps en relations d'affaires avec Jouy. Mais la nouvelle Société « Oberkampf et Barbet aîné » fut aussi éphémère que sa devancière. Le 30 juin 1822, huit mois à peine après sa formation, Émile Oberkampf, malade (2), et contraint de songer au repos, dut se retirer des affaires. Juste Barbet devint seul propriétaire du célèbre établissement dont il ajouta sans façon le nom au sien sous la firme : « Manufacture de toiles peintes de Barbet de Jouy, Successeur d'Oberkampf. Bon teint. »

C'est le dernier avatar de la manufacture. Le peu modeste « successeur » d'Oberkampf ne possédait que des notions superficielles sur la fabrication. Il s'entoura d'hommes du métier, qu'il eut, paraît-il, le tort de changer trop souvent, mais qui

1. Cf. *France protestante*, art. Widmer.
2. Il mourut en avril 1837, à peine âgé de 49 ans.

lui permirent d'exploiter l'atelier pendant une douzaine d'années, avec des alternatives de succès et de revers commerciaux. En 1837, il réussit à mettre l'entreprise en actions sous la raison « Barbet de Jouy et Cie », mais sans pouvoir arrêter la décadence de la fabrication (1). En 1842, les intéressés exigèrent la liquidation. La manufacture ferma ses portes le 19 juin 1843, dans la 83e année de son exercice. Les actionnaires retirèrent 30 p. 100 de leurs créances.

Ainsi finit l'œuvre d'Oberkampf. De cette immense création, seul le grand bâtiment échappa à la pioche du démolisseur, pour subir en 1864 le même sort que ses congénères. Aujourd'hui, il ne reste plus, de toute la manufacture, que la petite maison du « Pont de Pierre » qui en fut le modeste berceau, et ce château du Montcel, tout plein de souvenirs, au milieu d'un parc où les arbres plantés à la naissance des enfants et des petits-enfants sont devenus centenaires, tandis que, pieusement entretenu, le petit cimetière, aux monuments falotement dessinés par Lebas, semble le séjour d'ombres disparues.

Mais ce n'est pas dans des vieilles pierres qu'il faut évoquer la figure du fondateur de Jouy. C'est à cette suite incomparable de modèles et de dessins, à cette variété infinie d'étoffes légères, indiennes ou tentures, dont nous avons suivi, dans une revue forcément trop rapide, l'évolution industrielle, qu'il faut demander le secret d'une réussite que la guerre seule et la mort purent interrompre. Certes, comme toutes les choses humaines, la célèbre manufacture devait avoir un commencement, un milieu et une fin. Déjà, du vivant de son fondateur, les symptômes de décadence se faisaient jour, mais à voir l'impuissance de ses héritiers — praticiens éprouvés cependant — à ranimer le puissant organisme, il faut bien croire qu'Oberkampf seul en était la vie et que c'est à ses qualités de premier ordre que Jouy devait sa colossale fortune.

Ces qualités, nous en avons dit quelques-unes.

Nous avons montré combien les connaissances techniques d'Oberkampf, sa parfaite entente de l'art du teinturier, l'avaient servi dans une industrie où la clientèle exigeait surtout du « bon teint ». Nous l'avons vu, à l'affût de tous les perfectionnements d'outillage que la mécanique faisait naître chez ses rivaux étrangers, les appliquer dans ses ateliers avec une prudence raisonnée. Nous avons fait remarquer avec quel zèle et quelle générosité il encourageait les recherches chimiques de ses collaborateurs, et mettait en œuvre leurs découvertes pour le plus grand bien de sa fabrication.

Si nous n'avons rien dit de son mérite artistique, c'est que nous ne croyons

---

1. En 1838, l'atelier n'occupait plus que 300 ouvriers.

Isabey. — Visite de Napoléon Ier à Jouy, le 20 juin 1806.
(Musée de Versailles.)

pas qu'on puisse, à proprement parler, lui faire autant d'honneur. Mais à défaut de ce titre d'artiste, trop souvent une cause d'insuccès dans la pratique commerciale, il possédait la qualité même que ses travaux exigeaient et la poussait au plus haut point. Nul industriel de son temps n'a montré un goût plus soutenu dans ses productions. D'autres fabriques ont créé d'aussi beaux modèles que ceux de Jouy : aucune n'a apporté un pareil esprit de suite dans le choix des nuances et des dessins, dans le sentiment parfait de l'élégance. Même aux époques les plus fâcheuses pour les modes françaises, les indiennes de Jouy échappent au ridicule. Elles se sauvent par leur bon goût, et, nous en avons déjà convenu, c'est une qualité qui n'est pas très loin du grand art.

Ce qui nous reste à dire, — et notre tâche paraîtrait incomplète si nous laissions dans l'ombre ce côté de la figure d'Oberkampf, — ce sont les qualités de l'homme, celles qui ont permis au praticien d'exercer son action et d'édifier une œuvre colossale, devançant de plus d'un demi-siècle la grande industrie moderne.

Au premier rang, à côté d'une probité commerciale à l'abri de toute défaillance, il faut mettre une prodigieuse entente de ses intérêts. Oberkampf avait un cerveau d'homme d'affaires admirablement organisé pour les vues d'ensemble. D'un seul coup d'œil il embrassait, à la façon d'un général sur un champ de bataille — et c'est peut-être le secret de la sympathie de Napoléon — non seulement les détails infinis de sa manufacture, mais tous les éléments du marché européen. Une seule fois, les événements le trompèrent. Ce fut pour la guerre d'Espagne, mais cette fois encore, il se rencontra avec Napoléon.

Cette entente de ses intérêts — disons-le bien vite — n'allait pas jusqu'à l'égoïsme. S'il se sépara assez cavalièrement de Demaraise en 1789 — peut-être sans se souvenir autant qu'il l'aurait fallu de sa dette morale — il sut du moins faire à son associé un véritable pont d'or, et les millions qu'il partagea avec lui étaient capables d'adoucir toutes les séparations. Quant à sa famille, à ses enfants, à ses neveux, à ses parents, même les plus éloignés, il fut envers eux d'une générosité sur laquelle il n'est permis de faire aucune réserve. Nous l'avons vu offrir à son frère la manufacture d'Essonnes. Pour son père et sa mère, il acheta le Binzenhof, un joli domaine près d'Aarau, où ils finirent leurs jours. Il éleva ses six neveux Widmer et leur fit des fortunes presque égales à celle de ses enfants (1). Il n'est pas jusqu'à ses parents les plus éloignés, en Prusse ou en Wurtemberg, qui n'eurent part

1. De 1802 à 1810, les intérêts de Samuel Widmer dans les bénéfices montèrent à 760.000 francs, ceux de Petineau jeune à 660.000, ceux de Feray à 655.000 et ceux de Petineau aîné à 520.000. Le dernier acte de société qu'Oberkampf avait fait avec ses enfants et ses parents était si désavantageux pour lui, qu'après les mauvaises années de 1812 et 1813, les intéressés eux-mêmes en demandèrent la résiliation. Oberkampf aurait dû prendre sur sa fortune personnelle pour distribuer les dividendes qu'il s'était engagé à leur donner.

à ses libéralités. C'est à se demander s'il ne travaillait pas pour les autres plus que pour lui-même, et si l'amour de la famille ne remplaçait pas pour lui toutes les jouissances de la fortune.

A coup sûr, il est difficile, avec tant de millions, d'être resté plus simple et plus ennemi de l'ostentation. Sa seule distraction fut longtemps l'équitation et son seul luxe les chevaux anglais. Plus tard, il y joignit, grâce à Rordorf, amateur passionné, des divertissements musicaux. De Versailles, les musiciens de la chapelle du roi, presque tous Suisses ou Allemands, venaient dîner à Jouy, et organisaient des symphonies. Kreutzer était du nombre, et son jeune fils, le célèbre virtuose, reçut d'Oberkampf son premier violon. Quand la famille se fut accrue, les plaisirs se raffinèrent. Repas champêtres, charades, bals improvisés, avec le ménétrier du village juché sur une table, marquèrent les anniversaires, les fêtes de mariage, les naissances presque annuelles dans cette famille aux mœurs patriarcales.

Des honneurs, Oberkampf en eut, semble-t-il, sans les avoir cherchés. Seules les lettres de noblesse que lui décerna Louis XVI et la décoration qu'il reçut de Napoléon lui furent vraiment sensibles. Il mit à fuir les fonctions électives tout le soin que d'autres apportent à les rechercher. Il échappa ainsi en 1800 à un siège au Tribunat, et s'il fut nommé plus tard conseiller général de Seine-et-Oise, il donna sa démission au bout de quelques années. Monarchie, République, Directoire, Consultat, Empire, il se tint à l'écart de tous les gouvernements, ou plutôt il n'en reconnut jamais qu'un seul, celui de sa manufacture.

Cette absence d'ambition n'était pas affectée. La simplicité de ses mœurs était naturelle. Il vivait à la lettre avec ses collaborateurs, avec ses ouvriers. A sa table, le Zurichois Bossert avait sa place invariable, à gauche du maître, avec la charge d'écuyer tranchant. L'Argovien Rordorf siégeait après lui, et il en fut ainsi jusqu'à la fin de leurs jours, car Oberkampf leur survécut à l'un et à l'autre. Dès l'aurore, la cloche qui appelait ses ouvriers au travail était pour lui le signal du réveil. Le soir, il était encore là pour les voir partir, et, au passage, d'un regard, d'un mot, les encourager ou les blâmer. Ce petit vieillard — sa taille était au-dessous de la moyenne — exerçait un ascendant extraordinaire sur tous ceux qui l'approchaient, et c'est certainement là un des éléments de son succès.

Voyez son portrait par Boilly (bien plus vrai et moins apprêté que celui du baron Gérard). Le front se développe largement sous son encadrement de cheveux blancs. Les yeux sont vifs et profonds, le nez droit et un peu fort, la bouche grande, mais les lèvres fines, le menton épais et volontaire. Bonté, finesse, ténacité, intelligence se mélangent dans ces traits, et l'ensemble se traduit par ces mots : une énergie paisible. C'est bien ainsi que nous pouvons nous représenter ce bon Allemand qui vint, le sac sur l'épaule, chercher son travail en France, trouva la fortune et le bonheur, et riche, comblé de gloire, acheva sa vie aussi simple, aussi modeste qu'à son arrivée au Clos Payen en 1759.

Le temps a passé sur cette grande figure d'industriel que nous avons essayé d'évoquer, et qui nous apparaît, malgré tout, un peu décolorée, comme ces camaïeux roses ou mauves, sortis de sa manufacture. A sa mort, la France entière l'avait porté aux nues. Trente ans plus tard, la mode s'était si bien détachée des toiles de Jouy que le méticuleux Balzac, décrivant pour ses lecteurs le mobilier d'un des bourreaux du *Cousin Pons*, se demandait « par quels procédés les rideaux pendus aux fenêtres avaient pu subsister si longtemps, car ils étaient en calicot jaune, imprimé de rosaces rouges de la fabrique de Jouy. Oberkampf avait reçu des compliments de l'Empereur pour ces atroces produits de l'industrie cotonnière de 1809 ». La postérité, plus juste, a vu autre chose dans son œuvre qu'une intense production industrielle. Elle a su découvrir ce qui relève du domaine de l'art et du goût, et le renouveau de vogue qu'a rencontré l'impression des toiles en ces dernières années tient pour beaucoup à l'amour que les artistes et les collectionneurs ont porté aux charmants dessins de Huet et de ses émules. Tout se tient dans l'art. Il semble qu'il aurait manqué quelque chose au XVIIIᵉ siècle, s'il n'avait pas eu la manufacture de Jouy, avec la fraîcheur de ses perses lustrées et de ses indiennes blanches semées de rubans et de fleurettes.

APPENDICES

I

Traité Tavanne et Oberkampf.

Je soussigné Ant⁶ Guerne de Tavanne, Suisse du roi, au contrôle général des finances à Versailles, promets au Sʳ Christophe-Philippe Oberkampf, fabricant d'indiennes d'Arau, canton de Berne, en Suisse et à son frère Frédérick, la moitié des profits que pourra donner la manufacture d'indiennes que je compte, avec son secours et talent, établir à Jouy, et de payer, tous les trois mois, au Sʳ Oberkampf dix sols pour chaque pièce qui sera fabriquée pour la gravure des moules. Les fonds de la dite entreprise, et généralement toutes les dépenses qu'elle exigera, comme aussi les frais d'ouvriers, étant à ma charge et à celle des autres associés que je pourrai prendre.

Fait double à Versailles
ce 2 janvier 1760.

Gᵉ DE TAVANNE.

II

Lettres patentes, sur arrêt.

En faveur des Sieurs Oberkampf et Sarrazin de Maraise, Entrepreneurs Propriétaires de la Manufacture royale de toiles peintes établie à Jouy près Versailles, sur la rivière des Gobelins.

Portant entr'autres prérogatives que les Toiles de la dite manufacture seront exemptes des visites, plombs et marques prescrites par les règlements et pourront avec la seule empreinte de la manufacture circuler librement dans le Royaume et être exportées à l'étranger.

Données à Versailles le 19 Juin 1783.

Registrées au Parlement le 3 Février suivant.

Louis, par la grâce de Dieu roi de France et de Navarre, à nos amis et féaux conseillers, les gens tenans notre cour de Parlement à Paris, Salut.

Nos chers et bien aimés Oberkampf et Sarrazin de Maraise, Entrepreneurs et propriétaires de la Manufacture de Toiles peintes, établie à Jouy, nous ont fait exposer que cette manufacture avait depuis vingt-cinq ans qu'elle existe, non seulement fait des progrès sensibles et acquis une réputation aussi étendue à l'Étranger qu'en France, au point que depuis plusieurs années, elle occupait journellement dans ses ateliers, environ neuf cents ouvriers, tous pris dans les pauvres familles de Jouy et des villages des environs, mais que relativement à l'exécution de ses ouvrages, elle était encore tellement parvenue au plus haut degré de perfection, tant par le choix et la variété de ses dessins, que par la solidité de ses couleurs, qu'il n'en était jamais sorti une seule pièce de toile qui ne fût décidément *Bon teint*.

Cependant, quoique cette manufacture se soit élevée à ce degré de supériorité, ses Entrepreneurs n'ont jamais osé réclamer de notre justice les mêmes distinctions et prérogatives que de simples établissements souvent ont obtenu comme encouragement, en considération de leur utilité future; mais comme ces distinctions et prérogatives lui devenaient aujourd'hui nécessaires, tant pour soutenir la concurrence vis-à-vis de ses émules, que pour s'attacher particulièrement les ouvriers qu'elle formait journellement avec autant de peine que de dépense. En conséquence et *par arrêt de notre Conseil du 20 Mai dernier*, nous aurions accordé aux dits Sieurs Oberkampf et Sarrazin de Maraise, en faveur de leur établissement, différents avantages et prérogatives énoncés dans le dit arrêt, pour l'entière exécution duquel nous aurions en outre ordonné que toutes nos Lettres Patentes seraient expédiées.

A ces causes, de l'avis de notre conseil, nous avons permis et par ces présentes, signées de notre mains, permettons aux dits Sieurs Oberkampf et Sarrazin de Maraise de mettre sur la principale porte du bâtiment de leur manufacture de toiles peintes établie à Jouy une inscription portant ces mots *Manufacture Royale;* d'imprimer les mêmes mots sur les deux chefs de chaque pièce de toile au-dessus de la marque ordinaire de la manufacture; *leur permettant encore de faire circuler dans le Royaume et d'exporter à l'étranger les dites toiles ainsi marquées, sans qu'ils soient préalablement tenus de les présenter dans aucun Bureau de visite et de marque à l'effet d'être revêtues de celles prescrites par les règlements; faisons défense à toutes personnes d'attirer et recevoir les ouvriers regnicoles et étrangers que les dits Entrepreneurs auront engagés pour un temps limité, s'ils ne sont munis d'un billet de congé, à peine de cinquante livres d'amende,* tant contre les dits ouvriers que contre ceux qui les auront reçus, la dite amende applicable aux pauvres de l'hôpital de Jouy. *Nous voulons que tant les dits Entrepreneurs que le Directeur de la dite manufacture et quatre des principaux ouvriers soient exemps de tirer à la milice et qu'ils le soient également du logement des Gens de guerre dans les bâtiments et enclos de la dite Manufacture seulement, ainsi que de la taille personnelle.*

Faisons encore défense à toutes personnes de quelque qualité et condition qu'elles soient de troubler les dits Entrepreneurs dans l'exploitation de la dite Manufacture. Si vous mandons que ces présentes vous ayez à faire registrer, garder et observer et de leur contenu jouir et user les Exposants pleinement et paisiblement, cessant, faisant cesser tous troubles et empêchements contraires, car tel est notre plaisir.

Donné à Versailles le 19 jour du mois de Juin, l'an de grâce 1783 et de notre règne le dizième.

Signé : Louis.

par le roi Amelot.

III

INVENTAIRE DU 30 DÉCEMBRE 1769.

DROGUES, USTENSILES ET MEUBLES (1).

Dans la première imprimerie.

30 tables à imprimer, garnies de leurs tables à baquet, baquets, châssis, maillets, brosses, draps et terrines, estimés l'un dans l'autre à 24 l. 720
Un poêle de fer avec ses tuyaux estimé à. 30
Un dito en briques avec un couvercle de cuivre et une grille 30
Un portefeu 1
L'étendage de la dite imprimerie, estimé. 20
Une fontaine de cuivre 15
Une petite armoire 4
45 planches servant de tablettes à toute l'imprimerie à 20 s 45
Une vieille table à imprimer en entrant de la dite imprimerie. 4

Dans la chambre à sécher.

Un poêle de brique, couvert d'une plaque de cuivre, d'une grille en fil de fer garni de son crochet, estimé. 40
Une tablette pour mettre les pièces. 1.10

Dans l'imprimerie seconde.

35 tables à imprimer garnies aussi de toute leur nécessité, estimées à 24 l. 840
Un poêle de fer garni de ses tuyaux, estimé 30
Une petite armoire 4
Une fontaine. 10
Un garant-feu pour la chaudière où on met la braise 6
Un coffre en bois 8

Chambre des graveurs.

8 tables à graver, bonnes que mauvaises. 30
Un poêle de fer et tuyaux. 20
Une boîte pour mettre les picots. 6
Une meule montée 10
Une non montée 3
Ciseaux pour couper le fil de laiton. 9
Un autre dito vieux 1.10

---

1. Nous avons pris le parti de rétablir l'orthographe moderne. Le lecteur aurait eu peine à lire « le tantage » pour « l'étendage », « poil de fere garni de ces tiaux » pour « poêle de fer garni de ses tuyaux », deux « chimel » pour deux « jumelles », etc.

2 vieux étaux   4
Une table à dessiner   10
20 planches servant de tablettes.   10
Pied-de-veau, 140, bon et mauvais, 5 s.   35
Gouges, 320, bon et mauvais, 5 s.   80
3 compas à 1 l.   3
8 pointes emmanchées.   8
Emporte-pièces 75 à 10 s. 37.10
Pointes 60 à 5 s.   15
Une hache, mauvaise   1
15 chaises à 8 s.   6

Dans la chambre des pinceauteuses.

16 tables de 3 planches chacune à 3 f   48
70 chaises à 6 s.   21

Dans le grenier au-dessus des pinceauteuses.

30 bouteilles vides à vitriol à 1 f.   30

Dans l'imprimerie blanc.

15 tables garnies de tout le nécessaire à 26 l.   360
Un poêle de fer avec tuyaux.   15
Un garant-feu   6
L'étendage de la dite imprimerie   10
Un coffre de bois féré   10
6 planches servant de poser les pièces.   3

Dans le corridor.

Une vieille table à imprimer   6
Deux mauvaises échelles.   3

Dans le cylindre.

Le cylindre composé de son nécessaire.   1500
Deux lissoirs   30
10 planches servant de tablettes.   10

Aux cuves bleues.

2 cuves en pierre à 100 l.   200
Une dito en bois   40
10 petites à 2 l.   20
2 cadres   6
Une pompe de cuivre   48
Un moulinet avec le support   3

Un siphon	15
80 toises de tuyaux de grès	54
Une vieille machine pour enrouler les toiles	6

Dans la teinture.

6 chaudières de cuivre garnies de leurs moulinets et cannelles	1200
3 braisières cuivre	250
1 dito de tôle	5
Une vieille chaudière en terre où on met la vieille ferraille, estimée	30
Celle où on fait bouillir le fer, estimée	50
Une autre dito, la chaudière n° 1, réformée, estimée	100
Une autre dito où on fait la lessive	30
Une couverte de feu en tôle	4
Une baignoire servant à mettre tremper les toiles	164
Une pompe qui donne l'eau dans la chaudière avec son réservoir	50
4 tables et 2 tréteaux	6
2 baquets pour mettre la bouse	4
Un petit fléau pour peser la garance	8
14 seaux	14

Dans le grenier.

Une roue pour monter les toiles garnie d'une corde et d'un plateau, estimée	36
34 planches pour mettre les toiles	16
Une table sur 2 tréteaux	3
Une échelle	2

Au magasin dans l'ancienne chambre bleue.

60 planches pour mettre les toiles	60
3 tables sur des tréteaux	9
4 chaises	1.4
4 tables à imprimer, 4 tables à baquet à 20 l.	80
2 petites tables carrées pour mouchoirs à 12 l.	24
Une vieille étagère de 6 planches	4
2 aunes à auner	2
2 boîtes à mettre les toiles pour ployer	2
Un poêle de fer	12

Au magasin n° 6.

Une table à plier les toiles	12
15 planches servant de tablettes	10
6 chaises à 6 s.	1.16
Une petite armoire en sapin	6
Une aune pour auner	1

Au magasin n⁰ 8.

70 planches servant de tablettes à 15 s.	52
Une table couverte de toile cirée.	6
Une petite table de poirier	6
Les tringles en bois pour porter les rideaux y compris les rideaux et cordes, estimés	24

Dans le corridor du magasin.

Une armoire en chêne, estimée	12
9 planches servant de dépôt de toiles.	7
Un marchepied	3
4 brosses et balais de crins.	2
Deux arrosoirs en fer blanc.	1
80 brosses à 10 s	40

Au magasin n⁰ 9.

70 planches pour tablettes à 15 s.	52.10
Une table couverte de toile cirée.	6
Les tringles de fer et les rideaux, estimés.	30
4 chaises	1.4
Une presse pour emballer estimée	48
Un fléau garni de ses plateaux et poids	150
Une poulie pour charger les ballots.	1
Une vieille presse.	72

Chambre des couleurs.

12 brocs de cuivre, 9 mesures, 5 arrosoirs, 19 chaudières, tant grandes que petites, 2 vieux baquets, le tout en cuivre pesant ensemble 620 k. à 20 s.	620
Un petit mortier de cuivre.	12
Les 4 boules de fer.	6
3 trépieds à 2 l.	6
5 tonneaux pour mettre les couleurs	10
Les pots et terrines.	6
Pelle et pincettes	2
Un petit fléau garni de plateaux et poids.	15
Un dito plus petit	9
Un portefeu	1
Une écumoire	1
Petite balance	1
Une vieille table à broyer l'indigo	1
Un vieux cordage du cylindre.	2
Une vieille chaîne pour attacher les chiens.	1
Un vieux moulin pour broyer les couleurs.	6
8 planches pour servir de tables.	6

Une chaudière de fonte   3
10 boîtes à porter les drogues.   5

Au magasin des moules.

100 planches servant de tablettes et montants   100
Une table à imprimer.   20
Deux pieds de table et deux tables à baquet..   18
Les moules estimés.   3000
Un mauvais marchepied.   1
Une vieille étagère   3
La pompe à feu et tout son nécessaire   200

Dans le bas de l'étendage.

Une vieille calandre servant de tordoir   60
Un chariot pour mener le rouleau   6
Un vieux bois de lit   10
Une chaudière de plomb avec son tourniquet   100
2 cuves de sapin   24
Une mesure de plomb.   3
Une mauvaise table.   10
3 fourgons, 3 fourches   6
Une cuve à faire la lessive.   4
12 mauvaises cuves en terre.   4
12 brouettes à 2 l.   24
4 civières   6
Un poêle de fer au dessus de cuivre   12

Dans le bâtiment neuf.

Le vieux pilon avec la lanterne.   6
Un vieux tordoir   20
Deux jumelles de presse.   6
2 vieux tréteaux   1
Le foulon, le pilon, moulin à indigo   1200
Les 4 tables à battes, les battes, les planches servant à mettre les pièces, écope et perche   100
Une échelle   2
Les planches servant au tour de la rivière et tout le moulinet et planches de la rivière .   10
Boîte aux épingles   10
Écopes, bons et mauvais.   10
Chevrons pour mettre sur les toiles.   50
Le râtelier pour mettre le bleu à laver   10
Les deux râteliers sur la rivière 2.10
Les planches qui viennent des canaux.   50
Le vieux hangar   30
La guérite.   30
Dito deux autres   9

Menuiserie.

6 biscaïens 2 l.	12
3 cognées 1 l.	3
17 tarières à 8 s.	6.16
3 ébauchoirs 8 s.	1.4
Une herminette 2 l.	2
2 gros cordages	24
39 cordages 10 s.	19.10
20 limes 6 s.	6
6 râpes 6 s.	1.16
14 râpes cuivre neuf	14
Le tour du cylindre pour tourner le rouleau	18
Les tréteaux pour percer les rouleaux.	9
Les cloches	90
La petite cloche	20
Un hacheron.	1
12 chevilles d'assemblée.	3.12
2 marteaux de maçon.	2
Une grande scie	3
Six fers à lisser.	6
Une marmite de fer.	1
Une cuiller à pot.	10
Une grosse masse.	1.10
3 petites hachettes	3
6 tenailles aux imprimeurs.	3
6 marteaux.	1
Les planches de poirier et de chêne	2400
La vieille calandre	240
Le bois de cormier	50

Dans l'écurie.

10 chevaux.	1200
Le vieux cabriolet avec ses harnais	50
Cabriolet	300
La voiture bonne.	150
La vieille voiture.	60
Le petit tombereau	24
Les selles et brides	50
Une vache.	60
18 sacs	15
Les fourches, crochets et autres	3
Foin et regain	600
Paille 200 à 20 l.	40
Avoine 6 septiers à 17 l.	102

Planches en voliges 574.15
Idem 662.7
60 l. de clous   30
Dito à châssis et table 20 l.   10
20 l. de vieux cuivre   20
Fil de fer 80 l.   40
75 l. de plomb   18
Bois à brûler 15 cordes   10
2 tréteaux à fendre le bois   9
Deux pinces   4

ÉTAT DES DROGUES TROUVÉES EN NATURE LE 30 DÉCEMBRE 1769. SAVOIR :

Gomme 1625 l., gomme sénégal à 35 s. 2863.15
Dito 510 petite gomme arabique à 20 s.   510
Poix résine 90 l. à 2 s. 13.10
Salin 1280 l. à 10 s.   640
Mauvaise gomme hors de service 450 l. à 5 s. 112.10
Alun 515 l. à 11 s. 283.05
Orpin 110 l. à 26 s.   143
Féraille 6000 l. à 5 l. le o/o.   300
Bouillon noir 24 muids 1/2 à 52 l. le 1/2 muid   1248
Bouillon rouge 180 pintes à 25 s.   225
Amidon 630 l. à 34 l. le o/o.   214
Couperose blanche 120 l. à 15 s.   90
Sel ammoniaque 22 l. à 40 s.   44
Couperose verte 565 l. à 12 l. le o/o 67.16
Potasse 450 l. à 9 s. 202.10
Plus l'envoi venant de Dantzig, pèse environ 9500 l. à 32 l.   3040
Cendre gravelée 415 l. à 11 s. 228.5
Sel saturne 565 l. à 34 s. 960.10
Indigo 682 l. à 6 l. 14 s. 4569.8
Plus Java 12 l. à 13 l. 15 s.   165
Bois rouge 80 l. à 12 s.   48
Suif 180 l. à 62 l. 10 s. le o/o. 112.10
La facture de Niel du 2 novembre de drogues diverses pour échantillons en deux caisses   270
Vitriol bleu 110 l. à 15 s. 82.10
Cire jaune 10 l. à 35 s. 17.10
Huile de vitriol 135 bouteilles pesant 14.100 l. à 13 s.   9165
20 demi-muids terre à pipe à 8 f.   160
Garance 4 tonnes pesant 3255 k. à 3 s. 4882.10
Plus les 6 futailles de l'envoi de M. Louis André suivant leur facture du 19 octobre,
    4798 l. à 25 s. 5997.10
Sumac, 40 sacs pesant 3550 l. à 17 l. 603.10

P.-A. Labouchère — Entrée des ouvriers à la manufacture, dessin, 1845.
(Collection Mme Théodore Mallet.)

Bois d'Inde 420 l. à 20 l. 84
Colle d'Angleterre 30 l. à 15 s. 22.10
Bois jaune 40 l. à 5 s. 10
12 demi-muids de vinaigre à 44 l. 528
Draps 15 aunes à 12 l. 180
6000 d'épingles à 25 s. le o/o 75
Vin de Bourgogne 3 feuillettes. . . . . 300 l. ⎫
Vin de Jouy, 5 futailles. . . . . 300 ⎪
Vin de Marseille, 4 pipes . . . . 400 ⎬ 1215
Cidre, 9 feuillettes . . . . 135 ⎪
Une futaille de vin d'Orléans . . . . 80 ⎭
Garance, 5 tonnes de la facture du 2 novembre, de J.-J. Niel, d'Amsterdam, pesant 4380 l.
    à 25 s. 5475
Emballages de toute espèce, 960 aunes à 10 s.. 480
8 rames de papier gris à 4 l. 32
2 rames papier blanc 8
Molleton, 1 pièce de 24 aunes à 50 s. 60
Une pièce de canevas de 35 aunes à 25 s. 43.15
18 l. fil de laiton à 45 s. 40.10
Oublié les 7 balles de galle pesant 2273. . . . . 1007.16

RÉCAPITULATION

Drogues. 45.493.8
Ustensiles et chevaux 20.830.9
Meubles (1) 2.309
                                                      68.632.17

IV

ÉNUMÉRATION DES ARTISTES ET OUVRIERS EMPLOYÉS DANS LES MANUFACTURES DE JOUY ET D'ESSONNES
A L'ÉPOQUE DE 1804.

    3 dessinateurs.
    5 graveurs en cuivre.
    40 graveurs en bois.
    30 picoteuses.

1. Nous n'avons pas reproduit l'inventaire des meubles à l'usage d'Oberkampf et de sa famille, qui n'intéressent pas le matériel industriel de la manufacture.

175 imprimeurs, rentreurs et rentreuses.
190 tireurs et tireuses.
 10 imprimeurs en planches à cuivre et cylindres gravés
570 pinceauteuses.
 20 couturières.
  6 coloristes ou aides.
  6 hommes employés à la calandre.
  2 pileurs ou broyeurs de drogues (par machines).
  4 marqueurs et auneurs de toiles blanches.
  4 auneurs et plieurs de toiles finies.
  3 emballeurs (et 2 presses).
 36 hommes occupés aux teintures.
  4 id.,   id. aux batteries.
 18 gamins aides aux teinturiers.
 48 tourneurs de rouleaux à laver.
 24 ployeurs de toiles lavées.
  4 brouetteurs pour le transport des toiles mouillées.
 10 hommes aux étendages pour sécher et ployer
  4 hommes aux cuves du bleu de faïence.
  2 autres aux cuves des fonds bleus.
 10 hommes travaillant sur les prés.
 54 gamins épingleurs   id.
  4 apprêteurs des toiles blanches pour l'impression.
  4 menuisiers.
  1 tourneur.
  3 serruriers.
  2 forgerons.
  2 charpentiers.
  1 charron.
  1 peintre vitrier.
  3 voituriers.
  2 garde-nuit suisses.
 15 commis de bureaux et de magasins.
  1 commissionnaire-facteur entre Jouy et Versailles.
  1 portier chargé de sonner la cloche des ouvriers.

1322 individus (1).

V

ADRESSES DE LA MAISON DE VENTE A PARIS.

1762, rue des Mauvaises-Paroles.
1766, hôtel Jabach, rue Neuve-Saint-Méry.

1. Ce fut le maximum de toutes les époques de la manufacture, et ce chiffre varia peu pendant les années suivantes (1805 à 1808), mais en 1809 il commença à diminuer.

1772, rue Meslay.
1791, rue des Lavandières-Sainte-Opportune.
1797, rue des Deux-Boules.
1798, hôtel Boufflers, rue de Choiseul et boulevard des Italiens.
1821, rue Saint-Marc-Feydeau, n° 6.
1830, rue du Sentier, n° 17.
1837, rue Saint-Joseph.

VI

ÉTAT DES TOILES IMPRIMÉES AU BLOC ET A LA PLANCHE DE CUIVRE DE 1795 A 1801.

	Pour la vente	A façon	Total
1795	553.163 aunes	2.137 aunes	555.300 aunes
1796	408.156	12.352	420.508
1797	799.941 (Essonnes compris)	40.117	840.058
1798	658.167	17.724	675.891
1799	516.452	26.498	542.950
1800	652.053	38.452	690.505
1801	825.700	47.933	873.633
	4.413.632	185.813	4.598.845
mètres	5.243.395	220.026	5.463.427

ÉTAT DES TOILES IMPRIMÉES AU CYLINDRE, A LA PLANCHE DE CUIVRE ET AU BLOC DE 1802 A 1815.

	Cylindre	Planche de cuivre	Bloc	Totaux
1802	178.000 aunes	171.000 aunes	460.000 aunes	809.000 aunes
1803	504.000	170.000	358.900	1.032.900
1804	904.000	138.000	403.800	1.445.800
1805	1.056.000	175.300	493.000	1.724.300
1806	547.000	71.000	401.800	1.019.800
1807	449.000	120.700	492.700	1.062.400
1808	600.000	89.500	438.800	1.128.300
1809	611.000	149.000	370.900	1.130.900
1810	413.500	220.700	634.100	1.268.300
1811	294.000	170.000	281.800	745.800
1812	342.600	161.800	214.700	719.100
1813	391.300	153.500	147.600	692.400
1814	251.600	67.500	15.100	334.200
1815	285.400	150.200	48.800	484.400
	6.827.400	2.008.200	4.762.000	13.597.600
mètres	8.124.606	2.389.758	5.666.780	16.181.144

VII

Résultat des Inventaires de la Manufacture de 1763 a 1815.

1º Société Demaraise et Oberkampf.

1763	7.640	1772	454.257	1781	434.656
1764	88.349	1773	431.573	1782	364.222
1765	67.350	1774	269.010	1783	309.306
1766	132.555	1775	286.873	1784	579.222
1767	175.539	1776	229.541	1785	531.631
1768		1777	273.600	1786	673.637
1769	482.806	1778	370.310	1787	642.348
1770	230.005	1779	504.732	1788	499.700
1771	282.326	1780	334.378	1789	451.984

2º Oberkampf seul.

1790	223.900	1791	912.000	1792	1.581.000

3º Idem.

(Samuel Widmer, Petineau jeune et Petineau aîné intéressés dans les bénéfices.)

1793-1794-1795-1796 pas d'inventaire, diminution du fonds social pour ces 4 ans : 1.564.000.

1797	588.700	1799	159.800	1801	794.000
1798	304.600	1800	864.000		

4º Idem.

(Samuel Widmer, Petineau jeune, Louis Feray, Petineau aîné, Phil. et Victor Widmer intéressés ensemble pour $\frac{23}{60}$.)

1802	689.000	1805	1.668.000	1808	407.000
1803	803.800	1806	519.400	1809	697.000
1804	1.465.900	1807	778.600	1810	569.000

5º Idem.

(Samuel Widmer, Louis Feray, Petineau jeune, Émile Oberkampf, Phil., Victor, Gottlieb, Christophe et Frédéric Widmer intéressés ensemble pour 42 o/o.)

1811	301.000	1813	Résultat négatif	1815	Résultat négatif
1812	320.000	1814			

DEUXIÈME PARTIE

Répertoire topographique
des Manufactures françaises de Toiles peintes de 1760 à 1815.

Un historique de la manufacture de Jouy n'aurait aucun sens, s'il n'était suivi d'un tableau général de l'industrie des toiles peintes en France pendant la même époque. Malheureusement, tandis que pour l'œuvre d'Oberkampf on peut marcher à pas à peu près sûrs, grâce à une documentation abondante et précise, on se heurte, quand on aborde les travaux de ses concurrents moins notoires, à une absence de documents presque absolue (1). Par une anomalie vraiment curieuse, tandis que le moindre atelier céramique, n'eût-il fabriqué que des faïences informes, a trouvé ses historiens, un tout petit nombre d'érudits locaux ont songé jusqu'à ce jour à réunir les annales de ces grandes manufactures de toiles peintes, où l'art des graveurs, des coloristes, des dessinateurs, marchait de pair avec les perfectionnements industriels, et qui nous ont laissé un si précieux héritage d'admirables modèles. Pas un des grands centres d'indiennage d'autrefois, Nantes, Rouen, Marseille, Lyon, Beauvais, Agen, n'a donné lieu à des monographies sérieusement élaborées, ni à des enquêtes méthodiquement conduites. La bibliographie du sujet se réduirait à l'étude de Chabaud sur *les Industries de Marseille. Tissus,* aux quelques pages de Gervais et Arvers, sur *la Fabrication des toiles imprimées à Rouen,* et à la brochure de H. Ferraud sur la *Manufacture d'Orange,* si la Société industrielle de Mulhouse n'avait publié à l'occasion de son centenaire l'historique de tous les ateliers de la région et si plusieurs érudits, à

---

(1) Même difficulté pour la détermination des échantillons, dont les « chefs » se rencontrent rarement attachés à la toile. Cet indice lui-même n'est pas absolu, les grandes fabriques imprimant à façon des toiles pour des établissements moins bien outillés et leur donnant des chefs de complaisance. Nantes, par exemple, a produit des sujets au chef de Beautiran et du Pont-de-la-Maye.

notre instigation, n'avaient abordé l'étude des ateliers de leur province. A Ville-franche, M. J. Ballofet; à Montpellier, M. E. Bonnet; à Angers, M. V. Dauphin; à Orléans, M. Garsonnin ; à Troyes, M. Louis Morin.

En présence d'une telle pénurie de documents, nous avons donc dû nous livrer à une enquête personnelle et générale. Les dossiers F^{12} 1405 et F^{12} 1562 des Archives nationales nous ont fourni les premières bases. Nous les avons complétées en interrogeant les dépôts d'archives départementales partout où nous soupçonnions l'existence d'anciens ateliers. Nous pouvions ainsi compter sur une précision très honorable, si nous avions rencontré partout la bonne volonté que nous ont manifestée le nombre trop rare de MM. les archivistes ou bibliothécaires qui ont bien voulu s'intéresser à nos recherches. C'est pourquoi nous tenons à remercier tout particulièrement MM. Berthelé, Faure, Giraud-Mangin, Grandmaison, Le Tonnelier, Mathieu, Morin, Bouchon, Soyer, Vignon, et plusieurs autres qui nous ont apporté leur concours. Grâce à eux, et aux érudits provinciaux ou parisiens tels que MM. Bourdais, Cornu, David, Depitre, Engerand, Piéquet, Schmid, nous avons pu réunir une somme importante de renseignements. Nous n'avons pas cru devoir attendre plus longtemps avant de les publier (1).

Pour en faire mieux ressortir les résultats, nous avons groupé les 400 ateliers environ dont nous avons découvert l'existence plus ou moins éphémère, en dix groupes, correspondant à des régions naturelles ou à des centres industriels de la toile peinte : Mulhouse et l'Alsace, Paris et l'Ile-de-France (Jouy excepté), Rouen et la Normandie, les Marches du Nord et de l'Est, la Champagne et la Franche-Comté, Lyon, le Dauphiné et la Savoie, Marseille et la Provence, Bordeaux et la Gascogne, Orléans et le Berry, Nantes et l'Anjou. Une carte schématique, où chaque département est teinté d'après le nombre de manufactures dont nous avons retrouvé mention, permettra de se reporter aux divisions territoriales modernes. Bien que cette carte ne mette en œuvre que le résumé de nos recherches et que les découvertes à venir doivent nécessairement y apporter quelques modifications de détail, nous ne croyons pas que l'ensemble s'en trouve infirmé. Le *Répertoire topographique* que nous donnons aujourd'hui peut être considéré comme un bon cadre où de nouveaux traits viendront compléter le tableau, mais sans en dénaturer, nous l'espérons, les grandes lignes.

1911-1928.

---

(1) La mort a fait de nombreux vides dans cette liste depuis 1911, mais nous avons tenu à ne rien changer à notre témoignage de gratitude.

I

MULHOUSE ET ALSACE

MULHOUSE ET ALSACE

BAS-RHIN

STRASBOURG.

L'industrie de la toile peinte est à peu près étrangère au département du Bas-Rhin. En 1769, une réunion de sociétaires sollicitait une demande de privilège, sans qu'on puisse savoir quelle suite fut donnée à la pétition. Vers 1810, il y avait un atelier à Wasselonne, chef-lieu de canton de l'arrondissement de Strasbourg.

A Strasbourg même, l'enquête de 1806 signale deux modestes ateliers, de fondation récente et sans activité. M^{le} Xavier Bucher, quai Saint-Nicolas, avec une douzaine d'ouvriers, imprimait un millier de pièces, dont moitié à façon pour des négociants de Nancy, Metz et Strasbourg. Pierre Schlienger, transfuge de Thann, où il a été établi six ans, avait ouvert en 1802 un atelier rue de la Rappe avec deux ouvriers. Il était seul en 1806 et imprimait à façon quelques centaines de pièces.

HAUT-RHIN

MULHOUSE.

Le foyer d'indiennage le plus important d'Alsace est Mulhouse, qui compte, en 1786, 19 ateliers, imprimant 146.544 pièces de 16 aunes (20 mètres) et 298.000 en 1813. En 1828 la *Statistique générale du Haut-Rhin* relève 24 établissements, produisant 459.835 pièces de 26 à 29 aunes et occupant 9.795 ouvriers.

La première manufacture s'ouvrit vers 1746, rue de la Loi, sous la raison Koechlin, Schmaltzer et Cie. Les associés étaient Samuel Koechlin, Jean-Jacques Schmaltzer, et le peintre Jean-Henri Dollfus. Ils n'usèrent d'abord que de couleurs d'application à l'huile siccative ou au vernis, ignorant l'usage des mordants qu'un compagnon de Hambourg leur apprit dès la seconde année de leur fabrication. Ils utilisaient des toiles communes tirées de Suisse, et leur production se réduisait au genre *surate*, à une couleur noir ou violet, au genre *lapis*, à grands dessins, fond rouge et noir, plus tard aux mouchoirs *paillaca* à double face. Dès 1758, les associés se séparèrent et fondèrent des établissements particuliers.

Samuel Kœchlin resta jusqu'en 1765 associé avec J.-H. Dollfus et son beau-frère Jean Vetter, sous la firme Koechlin, Dollfus et Cie.

En 1765, la manufacture est au nom de Samuel Koechlin l'aîné. Jean Koechlin, fils de Samuel, la dirige de 1771 à 1777, date où il s'associe son frère Josué. En 1797, la fabrique devient successivement Koechlin et Cie; Koechlin et Weber; Koechlin-Iselin. En 1800, Nicolas Koechlin, fils de Jean, prend la direction et s'associe ses frères Jacques, Daniel et Pierre, sous la firme Nicolas Koechlin et frères. L'établissement, qui imprime 10.000 pièces, en 1806, avec 350 ouvriers, subsiste jusqu'à 1831 avec divers associés et intéressés. La maison se divise alors en quatre branches: Nicolas Koechlin et frères, à Mulhouse (filature); Koechlin frères, à Mulhouse (impression); Koechlin, Favre et Waldner (filature et tissage), à Massevaux; Pierre et Édouard Koechlin (impression), à Loerrach.

Jean-Henri Dollfus et Vetter fondèrent la fameuse manufacture de la Cour de Lorraine, rue des Champs-Élysées, à Mulhouse, et restèrent associés jusqu'en 1786. La maison, devenue alors Dollfus père, fils et Cie, est la plus considérable de l'époque. Elle occupe le premier rang pour la beauté de ses produits et l'agrément de ses dessins, dus en partie à Malaine père, transfuge des Gobelins. En 1797 elle a à sa tête Dollfus père, fils, Weiss et Cie, et en 1800 Dollfus et Cie (Nicolas Dollfus). Sous la firme Dollfus Mieg et Cie, elle imprime, en 1806, 34.000 pièces, avec 7 à 800 ouvriers.

Quant à Jean-Jacques Schmaltzer, il s'associe en 1758 avec Frédéric Cornetz père et en 1772 avec Mathias Mieg, puis reste seul jusqu'en 1775 et se transporte l'année suivante à Munster. Ses fils et son gendre gardent la manufacture de Mulhouse, qui fait faillite en 1789.

La manufacture Hartmann remonte, semble-t-il, à 1752. Elle devient en 1765 Wolf, Risler et Cie; en 1789, Wolf et Moser; et en 1796, Engel et Cie.

En 1754, on trouve Anthis, Feer et Cie qui n'ont qu'une durée éphémère, et en 1756, Hofer, Risler et Cie, devenus en 1780 Risler, Dollfus et Cie, qui cessent la fabrication dès 1785.

J.-J. Feer s'associe en 1758 avec Daniel Huguenin père. En 1773, la manufacture est aux mains des deux frères Huguenin, Daniel et Henri, et en 1788, Daniel Huguenin (Huguenin l'aîné) reste seul en titre. La fabrique occupe, en 1806, 150 à 200 ouvriers et produit 336 pièces. Elle liquide vers 1840.

La manufacture Nicolas Risler et Cie existe avant 1769. Elle s'annexe en 1772 l'établissement de Wesserling et la société est dissoute en 1793. Risler va se fixer à Thann avec un de ses associés, Pierre Dollfus.

Eck, Schwartz et Cie ont fondé une manufacture Cour des Chaînes (Kettenhof) en 1762 (1759 d'après l'enquête de 1806). Elle est transportée à Cernay en 1801.

Deux associés, le bourgmestre Jean Dollfus et son gendre Jean Hofer, fondent une manufacture aux Trois-Rois, en 1764. Jean Dollfus fils la dirige en 1777, et Jean Dollfus père de 1783 à 1790. Elle passe en 1790 à Michel Heinrich et en 1795 à Pierre Risler.

J.-J. Feer-Cornetz, sans doute l'ancien associé de Daniel Huguenin, fonde en 1764 une fabrique, avec son beau-frère Frédéric Cornetz fils. En 1778, il prend pour associé Jean Hofer. La firme devient Jean Hofer et Cie, jusqu'en 1811, date de la mort du directeur. Elle occupait environ 350 ouvriers et imprimait 10.600 pièces. Jean Hofer fils se fixe à Niedermorschwiller. Schlumberger, Hofer et Cie continuent sous ce nom la fabrication à Mulhouse.

L'atelier Franck et Cie, fondé en 1765 et devenu, en 1768, Huguenin, Reber et Cie, cesse de bonne heure la fabrication. Mais Heilmann, Blech et Cie (1764) réussissent mieux. La raison sociale devient, en 1793, Blech, Schlumberger et Cie, rue de l'Amour, puis en 1803 Schlumberger, Kœnig et Cie. Elle emploie, en 1806, 225 ouvriers, imprimant 4.300 pièces. Elle ne cesse qu'en 1846.

Voici encore Thierry l'aîné et Cie, qui débute en 1764 et reste en activité jusqu'à la fin du siècle; Schoen, Huguenin, Zuber et Cie, fondation de 1765, devenue Schoen et Cie en 1768 et Jean Schoen en 1771, qui cesse dès 1774; Hartmann et fils (1767), puis Tobie Hartmann père et fils, suspendue en 1771; Schlumberger, Hartmann et Hirt (1778), puis Schlumberger et Cie (1781), cessation en 1788; Wagner et Cie qui n'exerce que quelques années de 1780 à 1789; Meyer, Schwaltzer et Cie (1786).

Martin Hartmann fonde une maison en 1782, qui devient, en 1785, Baumgartner et Hartmann; en 1791, Baumgartner et Cie; en 1809, Gaspard Baumgartner et Cie et cesse en 1821. Elle n'employait en 1806 qu'une quarantaine d'ouvriers, produisant 1.560 pièces.

Jean-Jacques Kielmann, un des associés de la maison Eck, Schwartz et Cie, s'établit à son compte en 1786. L'établissement, en 1806, occupe 320 ouvriers et produit 8.000 pièces. En 1808, Jérémie Risler en est le seul titulaire et le transporte à Thann.

Les frères Blech débutent en 1788. En 1797 la raison sociale est Blech, Kielmann et Cie; en 1804, Blech, Baumgarter et Cie, puis Paul Blech et Cie jusqu'à la liquidation en 1814. En 1806, 100 ouvriers imprimant 3.200 pièces.

Daniel Schlumberger s'établit en 1792 et prend une grande extension à Mulhouse, Lutterbach, Niedermorschviller. La raison sociale subsiste jusqu'au milieu du XIXe siècle.

Jean-Ulrich Thierry, qui gérait à Béligny, près de Villefranche, une fabrique de toiles peintes, fonde en 1800 une maison à Mulhouse sous le nom de Graf, Thierry et Cie, qui devient en 1806 la maison Thierry-Mieg.

L'établissement Heilmann père et fils, rue du Bourg, date de 1804; celui de J.-D. Bridel et fils, devenu en 1809 Blanchenay, Bridel et Cie, à peu près de la même époque, comme ceux de Jacques Braun qui cesse en 1811, de Schwartz, Lischy et Cie, Grand' Rue, qui subsiste au moins jusqu'en 1822, de Wetter, Thierry et Grossmann, rue des Champs-Élysées, 595, qui liquide en 1813, de Jean-Georges Mieg, qui n'a qu'une durée éphémère.

L'enquête de 1806 mentionne en outre quelques maisons de fondation assez reculée, qui paraissent avoir échappé aux auteurs de l'*Histoire de l'Industrie à Mulhouse*, à moins qu'elles ne figurent dans l'ouvrage sous des raisons sociales différentes. Junghaen, Blech et Cie, qui occupent une centaine d'ouvriers et produisent 3.000 pièces, remonteraient à 1777; Weber père et fils, de même importance, à 1780; Blech, Friès et Cie (250 ouvriers, 4.400 pièces) à 1776; Kohler et Heilmann (200 à 300 ouvriers, 4.100 pièces) à 1776; seul Shoening et Cie (70 ouvriers, 2.000 pièces) date de 1804.

L'enquête donne à Mulhouse, pour 1806, 17 manufactures occupant 4.132 ouvriers et produisant 121.620 pièces. Ces chiffres sont légèrement inférieurs à ceux de 1786.

BOLLEVILLER.

En 1786, on trouve à Bolleviller une fabrique sous la raison sociale Drouhin et Cie.

CERNAY.

En 1785, Jean-Jacques Zurcher-Lischy, de Mulhouse, qui avait travaillé à Genève dans la fabrique d'indiennes de Fazy, acheta un moulin à Cernay, place du Marché-aux-Poissons. La raison sociale devint en 1796 Zurcher et Cie jusqu'en 1836. La maison fut transportée à Épinal en 1882. Elle produisait, en 1800, 6.000 pièces de 16 aunes, 1.200 pièces actuelles.

En 1786, Arnold père et fils étaient également installés à Cernay.

Jean Witz fonda son établissement en 1791, sous la firme Frères Witz et Cie. Elle devint en 1806 Witz et Vetter; en 1812, Witz et Engel, puis en 1816 Witz, Blech et Cie; en 1818, Lehr, Witz et Cie; en 1833, Witz, Koenig. Elle liquide en 1839.

La fabrique Eck, Schwartz et Cie de Mulhouse se transporta à Cernay, en 1801, sous la raison sociale Schwartz, Hofer et Cie. Elle devint en 1806 Schwartz, Risler et Cie; en 1810, Gaspard Dollfus, Huguenin et Cie; en 1836, Eck, Dollfus et Huguenin, et liquida en 1865. Sa production en 1806 était de 11.000 pièces, imprimées par 350 ouvriers.

DORNACH.

Les frères Dollfus et leur associé Vetter s'établirent en 1756 à Dornach, alors bailliage de Ferrette, à cause de l'opposition des passementiers de Mulhouse. C'est l'origine d'une des plus importantes fabriques d'Alsace par la perfection de ses produits et la beauté de ses dessins, dus en partie à Malaine père. Elle fit de brillantes affaires, mais ne prospéra pas longtemps. La raison sociale devint successivement Koechlin, Dollfus et Cie (1758); Jean-Henri Dollfus et Vetter (1765); Dollfus père et fils (1786); Dollfus père, fils, Weiss et Cie (1797); Dollfus et Cie (1800). Elle fut alors transférée à Mulhouse.

GUEBWILLER.

J.-J. Ziegler et Louis Greuter fondèrent, en 1805, à Guebwiller une fabrique d'indiennes qui s'adjoignit en 1823 une filature de coton. Elle passa en 1828 sous la direction de Frédéric Witz-Witz, et en 1843 la filature subsista seule,

On trouve aussi Pierre Dollfus et fils sous la date de 1794.]

KINGERSHEIM.

Jean Hofer créa une fabrique d'impression en 1834 dans l'ancien château des d'Andlau. Dorgebray lui succéda en 1837.

LE LOGELBACH.

Jean-Michel Haussmann (1749-1824) était chimiste à Augsbourg, dans la fabrique du baron de Schulé, l'Oberkampf allemand. Il avait épousé la fille de son directeur. Mais à la mort de sa femme en 1772, il revint à Colmar et fut un des fondateurs en 1775 de la célèbre maison du Logelbach, sous la raison sociale Haussmann, Emmerich, Jorden et Cie. La fabrique fut ensuite dirigée par Jean et Jean-Michel Haussmann, sous la firme Haussmann frères. En 1806, elle occupait 650 ouvriers et produisait 11.500 pièces après avoir occupé avant la Révolution 13 à 1.400 ouvriers et exporté plus de 600.000 francs de toiles peintes.

LUTTERBACH.

Il y avait en 1801 à Lutterbach une fabrique dirigée par Georges Dollfus (Arch. nat. F12 1405). En 1807, Daniel Schlumberger, de Mulhouse, exploitait un atelier d'impression à la main, dont Henri Koechlin, un des associés, prit seul la direction à partir de 1833.

MASSEVAUX.

La maison Koechlin de Mulhouse acheta en 1797 les propriétés de l'ancien chapitre de Massevaux, pour y fonder une impression de tissus. En 1800, la raison sociale est Nicolas Koechlin et frères, et en 1811 Koechlin et Duport (de Lyon). En 1824, l'établissement n'est plus consacré qu'à la filature et au tissage mécanique.

MUNSTER.

En 1776, Jean-Jacques Schmaltzer père (1721-1797), un des fondateurs de la première fabrique de Mulhouse, se transporta à Munster et fonda la maison Hartmann et fils, qui fut d'abord, en 1780, André Hartmann et Henri Riegé, puis André Hartmann et ses fils en 1790. En 1799, une association s'établit avec Soehnée

MANUFACTURE DE HARTMANN ET FILS ASSOCIES DE
SOEHNÉE L'AINE ET Cⁱˢ A MUNSTER HAUT RHIN.

l'aîné, de Paris (chef : *Manufacture de toiles peintes de Soehnée l'aîné et Cie à Munster*) et, en 1818, la raison sociale devint Hartmann et fils (chef : *Frédéric Hartmann et fils à Munster près Colmar, Haut-Rhin*) qui s'est conservée jusqu'à nos jours. Vers 1810, la fabrique occupait 600 ouvriers et produisait 26.000 pièces. A la fin du xviiie siècle Pourtalès, de Neuchâtel, avait un établissement à Munster (chef : *Manufacture de toiles peintes de Pourtalès et Cie à Munster en Alsace, bon teint*).

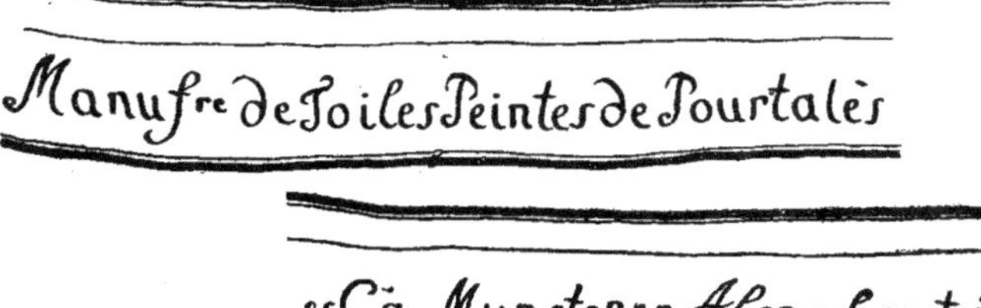

NIEDERMORSCHWILLER.

Jean Hofer, de Mulhouse, installa une fabrique d'impression à la main et au rouleau, en 1806, à un kilomètre en aval de Niedermorschwiller. Elle devint dans la suite la maison Hofer, Grosjean.

RIBEAUVILLÉ.

Appenzeiler et Cie, à Ribeauvillé, occupaient, en 1806, 36 ouvriers. Production annuelle : 1.500 pièces. La fabrique remonterait à 1760.

SAINTE-MARIE-AUX-MINES.

En 1767, un Suisse, Philippe Steffan, qui avait demandé dès 1756 à s'établir à Sierentz, avec son associé Joseph-Jérôme Bian, obtint l'autorisation de monter une fabrique à Sainte-Marie-aux-Mines. En 1766, un Hessois, Christian Reydt, adressa la même demande au Conseil du commerce (Arch. nat. F^{12} 1405). L'établissement de toiles peintes de Colombel, à Sainte-Croix-aux-Mines date de 1784. En 1806, la manufacture des frères Lhuillier comptait 140 ouvriers pour une production de 6.000 pièces. Sa fondation remonte à 1772. Ils eurent pour successeurs Joly et Osmont, puis Weber père et fils : Chef : *Manufacture de Weber père et fils, bon teint à Sainte-Marie-aux-Mines, (Haut-Rhin)*. RISLER. *Histoire de Sainte-Marie-aux-Mines*, 1873.

SIERENTZ.

Joseph-Jérôme Bian et Philippe Steffan, ancien bourgmestre de Sainte-Marie-aux-Mines, demandèrent en 1756 l'autorisation d'installer une fabrique à Sierentz. Il ne semble pas que le Conseil la leur ait accordée, non plus qu'au baron de Waldner, colonel de Bavière, qui eut le même projet en 1771 (Arch. nat. F¹² 1405).

THANN.

En 1788, Pierre Dollfus et Nicolas Risler abandonnèrent leur établissement de Wesserling pour s'installer à Thann. Mais l'entreprise ne prospéra pas, car on trouve en 1790 une demande au Conseil du commerce de Dollfus et Cie, de Thann, qui cherchent à s'établir à l'étranger. Nous n'avons pas d'autres indications sur le sort de cette fabrique.

L'établissement de Robert, Petitpierre et Cie (tous de Neuchâtel), date de 1805. Il devient Robert, Bovet et Cie en 1806, puis Robert, Roulet et Cie en 1834. Liquidation en 1844.

En 1808, Jérémie Risler, de Mulhouse, créa une fabrique d'indiennes qui devint en 1811 Risler, Koechlin et Cie.

J.-D. Bridel et fils, également de Mulhouse, avaient en 1810 un établissement à Thann, qui devint, en 1813, Blanchenay, Bridel et Cie. En 1819, la fabrique fut vendue à André Koechlin qui y établit une filature.

Vers 1810, il n'y a à Thann qu'un seul atelier occupant 375 ouvriers et imprimant 13.642 pièces.

Osterried, Haussmann et Cie ont leurs bureaux à Mulhouse, mais leur teinturerie est à Lutterbach et l'impression à Thann. En 1809, J.-P. Osterried reste seul en titre jusqu'en 1817.

N'oublions pas la maison Liebach, Scheurer et Cie, fondée en 1813, devenue en 1824 Liebach, Hartmann et Cie et vendue en 1842 à Auguste Scheurer, Rott et James Gros. C'est le berceau de la fabrique Scheurer, Lauth et Cie.

WESSERLING.

En 1760, Sandherr, Courageot et Cie louèrent le château de Wesserling, ancien rendez-vous de chasse des abbés de Murbach, seigneurs de la vallée de Saint-Amarin. L'entreprise n'eut pas de succès et les associés cédèrent leur bail en 1773 à Nicolas Risler et Cie, de Mulhouse, qui y établirent une teinturerie, une imprimerie et introduisirent la filature à la main dans les villages voisins. Ils en confièrent la gérance en 1780 à Pierre Dollfus, de Mulhouse (1748-1830), un des fils du fondateur de l'indiennage. En 1783, Risler et Cie s'associent à François-Louis Senn et Bider-

mann, de Genève, sous la raison sociale Pierre Dollfus et Cie. La maison est honorée cette année-là, par lettres patentes de Louis XVI, du titre de Manufacture
royale. Mais en 1788, Risler et Dollfus abandonnent l'association et vont s'éta-

blir à Thann; Senn, Bidermann et Cie restent seuls, avec Johannot et Henri Boucart, comme directeur.

Après la Révolution, la raison sociale devient Bourcart et Cie, puis, en 1801,
Bourcart se retire et la maison est vendue à Gros, Davillier et Cie, de Paris. En 1802,
Aimé-Philippe Roman entre dans l'établissement, qui devient Gros, Davillier, Roman
et Cie et prend un développement considérable. Il occupe 1.120 ouvriers en 1810
et fabrique 50.000 pièces. En 1851, la production montera à près de 100.000 pièces.

Elle existe encore aujourd'hui, sous la raison sociale Gros, Roman et Cie.

Au début du XIXe siècle, Thierry (sans doute de Mulhouse) a un établissement

dont le chef porte : *Thierry et Cie, fabricants de toiles peintes au Vieux Than,
Ht-Rhin.*

TERRITOIRE DE BELFORT

BELFORT.

En 1751, Nicolas Genty et Cie demandèrent un privilège pour fonder une
manufacture à Belfort. Nous ignorons le résultat de l'entreprise (Arch. nat. F¹² 1405).

II

PARIS ET ILE-DE-FRANCE

PARIS ET ILE-DE-FRANCE

SEINE

PARIS.

La fabrication des toiles peintes exigeant de vastes bâtiments et de grands espaces·
pour l'étendage, on comprend que le nombre des manufactures établies à Paris ou
dans ses faubourgs ait été relativement peu considérable. La plus ancienne fabrique,
en dehors des ateliers anonymes et plus ou moins clandestins de la première
moitié du XVIIIe siècle (cour Saint-Benoit, enclos Saint-Jean-de-Latran, enclos du
Temple, etc.), est celle que l'Anglais Cabannes avait fondée dans la cour des
Princes, à l'Arsenal, avant 1748.

Le Journal économique d'avril 1755 (p. 144) en recommande chaudement les
produits : « Un Anglais a apporté en France une méthode de teindre à froid les
toiles avec des *réserves*... Une manufacture de ces toiles est établie dans une des
cours de l'Arsenal, du côté des Célestins, autorisée par arrêt du Conseil, et pro-
tégée par le bureau du Commerce. Les entrepreneurs travaillent également en fil
et en coton et répondent de la bonté du teint qui soutient, sans rien perdre de son
éclat, le blanchissage et la lessive... Quelques dessins qu'on leur donne, quelques
couleurs qu'on leur demande, soit pour robes, soit pour meubles, ils offrent et sont
en état de les exécuter sur toutes sortes de toiles... » Malheureusement les échantillons qui accompagnent l'article sont loin de tenir d'aussi belles promesses. Le
dessin en réserve est commun, les couleurs : jaune et bistre, bleu et vert, mauve
et noir, sont presque entièrement passées. L'atelier travaillait en « petit teint ».

Cottin qui le dirigeait en 1758, en même temps qu'un autre plus vaste, au
clos Payen, près de la barrière de l'Ourcine, a cependant un titre sérieux à notre
reconnaissance. C'est lui qui fit venir Oberkampf à Paris.

A la fin de l'ancien régime, le nombre des ateliers est encore fort restreint. Un document assez suspect mentionne, avant 1767, la manufacture de Gossies (Arch. départ. Gironde, C. 1581). En 1785 l'*Almanach des marchands* signale au « clos le Prêtre, près des nouveaux boulevards », Cavillon et Diock, et nous savons qu'en 1786, Henz, beau-frère d'Ebinger, de Saint-Denis, était établi au même endroit. En 1789, on y trouve Vimeux, un Rouennais, à qui le Conseil du commerce fit défense d'employer ce chef ingénieux, mais déloyal : « *Manufacture de Vimeux et Cie, sur la rivière des Gobelins, qui passe à Jouy. Bon teint* » (Bibl. hist. de la ville de Paris et Arch. nat. F¹² 107, p. 694).

Brenier et Cie étaient établis au faubourg Saint-Marcel. Le deuxième ballon, monté par Pilâtre des Roziers, faillit tomber dans l'étang qui faisait aller la machine de cette manufacture (1783). Brenier s'établit ensuite à Saint-Denis.

Sous la Révolution, de nouvelles fabriques se montèrent. Louis-Simon Vaudremer, établi au clos Payen, barrière de l'Ourcine, employait, en 1798, 120 ouvriers, mais il sollicitait un secours du Gouvernement de 30 à 40.000 livres pour soutenir son entreprise (Arch. nat. F¹² 1405).

Dubois père, en 1797, boulevard Neuf, 7 (c'est toujours le clos Payen), adressait une demande du même genre, mais il lui fallait 150.000 livres qu'il se vit refuser. Il se soutint néanmoins jusqu'en 1805 *(Almanach du commerce)*.

Truton et Grandcour avaient exploité à Nantes une manufacture « d'impression en or et argent sur toutes sortes d'étoffes » dont la direction technique était confiée à Bonvalet (sans doute de la famille des industriels d'Amiens). La guerre de Vendée, en enrôlant les associés, ruina leur entreprise. Ils vinrent s'établir à Paris où le Gouvernement leur donna à bail l'ancien couvent des Miramionnes, 119, quai de la Tournelle. En 1797, ils faisaient de l'impression en couleurs à la planche de cuivre, sans grands résultats (Arch nat. F¹² 1405). Quatre ans plus tard, la manufacture de toiles peintes des Miramionnes était dirigée par Chevalier, qui eut pour successeurs, de 1803 à 1805, Benny et Cie *(Almanach du commerce)*.

Dufau, 7, rue des Lions-Saint-Paul, établi en 1796, occupait, en 1806, 24 ouvriers, imprimant 2.000 pièces. En 1814, il avait pour successeur Straubade.

Friès et Gaillard, rue Geoffroy-Lasnier, 18, remontaient à 1797. Ils occupaient, en 1806, 45 ouvriers et imprimaient 5.000 pièces en bazin et piqué et 1.000 pièces de calicot. La maison existait encore en 1815.

Les frères Jacques et Louis Noël fondèrent en 1801 un atelier cloître des Bernardins, 18, où ils occupaient, en 1806, 60 ouvriers. Ils imprimaient à façon 3.800 pièces de toiles, piqués et bazins, provenant principalement de la fabrique de Bon Secours. Ils exerçaient, en 1815, rue de Pontoise, 18.

Bolle, établi rue de la Paix, 13, depuis 1796, était réduit en 1806 à se passer d'ouvriers. En 1811, on le trouve rue Neuve-de-l'Abbaye, 13.

Nous ne savons rien de Laviolette, rue Neuve-Sainte-Catherine, 697 (1800), de la veuve Alexandre Lebœuf, passage de la Réunion, 8, et rue Saint-Martin, 104 (1801-1811), dont les noms figurent sur l'*Almanach du commerce*, avec ceux de Pierre Cailliatte (1800-1801), rue Villiot, près le fort au Plâtre, à la Rapée; de Delâge, rue de l'Université Gros-Caillou (1800-1801); de Geoffroy, rue Censier, 19 (1800-1803).

Marmet et Collin s'établirent, en 1803, rue et île Saint-Louis, 3 (rue Blanche-de-Castille). Ils occupaient, en 1806, 36 ouvriers, imprimant 4.000 pièces. En 1812, Collin reste seul en titre.

Drouet, installé en 1804 quai de la Tournelle, 9, puis rue des Grands-De-grés, 6, n'employait en 1806 que 3 ouvriers. L'établissement subsista pourtant jus-qu'en 1810, avec, semble-t-il, une fabrique à Bercy *(Almanach du commerce)*.

Enfin, Boudet, 52, rue de Bondy, avait monté un atelier en 1805, où 10 ouvriers imprimaient de vieilles toiles de fil. En 1807 nous le trouvons rue de Bondy, 52.

L'*Almanach du commerce* nous fournit un certain nombre de noms de fabri-cants ou d'imprimeurs. C'est Christophe et Bafou, rue de la Fraternité, 16 (rue Saint-Louis) (1803-1809), et Christophe seul à partir de 1810; Desquinemard, rue N.-D.-des-Champs, 1469 (1803); Schawterz-Chodie, chemin de la Rivière, aux Quinze-Vingts (1803-1806); Lehoult aîné, rue des Filles-Saint-Thomas, 49 (1805); Aubry-Gaillard, rue Bertin-Poirée, 22 (1806), encore en activité en 1815; Cavareau, rue Sainte-Avoye, 16 (1806); veuve Dupré et Dufour, rue du Faubourg-Saint-Denis, 25 (1806-1810), et Dupré seul (1812); Foissin, rue du Battoir, 13, puis rue Saint-André-des-Arts, 67 (1806-1111); Benoit, rue des Fossés-Saint-Germain, 17 (1807-1808); Durand, rue Saint-Denis, 257 (1807); Lofelt, quai de la Rapée (1807); Naquet, rue de la Cossonnerie, 21 (1807-1811), successeur, Mme Villiers, encore en exercice en 1815; Sevestre, rue de l'Aiguillerie, 7 (1807), devenu de 1809 à 1810 Vve Sevestre, cour des Chantres, 1, rue d'Enfer; Vaudre-mer, rue Vieille-du-Temple, 27 (1808); Langlois, rue de Condé, 10 (1809); Maré-chal, cloître Saint-Jean-en-Grève, 10 (1809-1811); Landry, rue Villiot, 4 (1811-1182); Adrien-Lefrançois, rue Saint-Éloi, 14 (1810-1814); Brunot, rue des Écrivains, 22 (1814); Marchal, rue du Coq-Saint-Jean, 1 (1814); Maire, rue Haute-des-Ursins, 4 (1814); Moulin, passage du Saumon, 48 (1814), encore en activité en 1815.

Beaucoup de ces industriels sont simplement qualifiés d'imprimeurs en toiles ou indiennes. Il est probable qu'ils imprimaient à façon pour le compte d'autres manufacturiers. L'*Almanach* ne porte pas (nous ignorons pourquoi) le nom de Loyer et Cie, fabricants de toiles peintes, fournisseurs cependant du Mobilier national.

ARCUEIL.

Nous n'avons aucun renseignement sur la manufacture d'Arcueil, mentionnée par l'*Almanach des marchands* de 1785. Elle aurait joui du titre de Manufacture royale, si nous en croyons une requête de Bory frères et Guitard, d'Agen, qui se plaignent de la concurrence que ses produits font aux leurs à Bordeaux (Arch. nat. F^{12} 1405).

BERCY.

Une lettre des administrateurs de l'Aube, du 2 octobre 1798, mentionne un important établissement à Bercy : « Elles (nos manufactures) balancent les plus belles fabriques de l'Helvétie et nos manufactures si justement célèbres de Jouy et de Bercy... »

CHOISY-LE-ROI.

Roux, Fazy et Cie s'établirent à Choisy-le-Roi en 1805. Ils occupaient, l'année suivante, 40 ouvriers et imprimaient 10.000 pièces à l'aide « de mécaniques semblables à celles des Anglais », lisez : machine à imprimer au cylindre. L'*Almanach du commerce* ne mentionne plus l'établissement à partir de 1811. Nous ne savons comment concilier ces documents avec les *Notes sur l'industrie des indiennes à Genève* de M. G. Fazy, qui fait commencer en 1813 l'exercice de Jean-Samuel Fazy : « Croyant avoir à se plaindre de mauvais procédés de la part de la finance genevoise, il loua par acte du 21 juin 1813 la manufacture des Bergues (à Genève) à Joseph Labarthe, et alla créer une nouvelle fabrique d'indiennes à Choisy-le-Roi. »

COURBEVOIE.

La manufacture des frères Sallendrouze et Cie, à Courbevoie, existait avant 1797. A cette date, ils sollicitent un prêt de l'Etat pour acheter des toiles de l'Inde à Lorient et dans les autres ports (Arch. nat. F^{12} 1405).

L'établissement subsiste au moins jusqu'en 1807.

ORANGE. — L'atelier d'impression, par Rossetti. 1764, tapisserie peinte sur toile.

ÉPINAY.

Villiot aîné commença à fabriquer en 1802 : il n'avait en 1805 que 70 à 80 ouvriers, mais imprimait 10.000 pièces. Il faut supposer qu'il employait la machine au rouleau ou que sa déclaration est notablement exagérée. On ne trouve plus son nom après 1808. Dufrayer, que l'*Almanach du commerce* cite à Épinay en 1810, encore en activité en 1815, est peut-être son successeur.

GENTILLY.

Marc Costel et Cie (1808 à 1810), fabricants d'acides minéraux, avaient aussi une fabrique de toiles peintes au Petit Gentilly, près de la barrière de l'Ourcine. L'*Almanach du commerce* cite au même lieu la manufacture de Chazerat et celle d'Engren aîné et Ch. Loffet (peut-être le Lofelt du quai de la Rapée), établies l'une et l'autre en 1810 et encore en activité en 1815. Thiébaud, au Grand Gentilly, n'exerça que de 1801 à 1803.

SAINT-DENIS.

Si les manufactures de Paris ne jouirent jamais d'une grande renommée, il n'en est pas de même de celles de Saint-Denis, et en particulier de celle du Suisse Rodolphe Ebinger, ancien ouvrier d'Oberkampf, qui suivit Jouy de très près dans la voie des perfectionnements d'outillage. Fondé en 1772, cet établissement compta jusqu'à 240 ouvriers. En 1806, il n'en avait plus que 50, mais grâce au serrurier-mécanicien Lefebvre, qui y avait construit en 1803 une machine à imprimer au cylindre semblable à celle de Jouy, il fabriquait 22.000 pièces. A partir de 1808, la maison est au nom d'Ebinger père et fils ; elle subsiste jusqu'en 1820.

Jean-Pierre Brenier père, sans doute l'industriel du faubourg Saint-Marcel, établi en 1782, occupait, en 1805, 140 ouvriers, imprimant 5.000 pièces. La maison subsista jusqu'en 1810. Dutfoy et Cie semblent lui avoir succédé en 1811. Louis-Henri Brenier fils s'installa à son compte en 1804 avec une trentaine d'ouvriers. On ne le trouve plus après 1808.

Jean-Étienne Fritz aurait monté sa manufacture vers 1770, à en croire l'enquête de 1806. Mais à cette date, il n'occupe plus qu'une vingtaine d'ouvriers, imprimant à peine 500 pièces. L'*Almanach du commerce* n'en fait plus mention après 1806.

SEINE-ET-OISE

ARNOUVILLE.

L'*Almanach des marchands* de 1785 cite une « fabrique d'indiennes » à Arnouville. Nous ne saurions dire s'il s'agit d'une tissanderie de toiles façon de l'Inde ou d'une manufacture de toiles peintes.

BIÈVRES.

La manufacture de Bièvres, fondée par Brémond et Cie, existait depuis 1798 environ; mais, à la fin de 1803, elle était presque tombée quand Jacques Dollfus, fils de Pierre Dollfus, de Wesserling, en fit l'acquisition. Oberkampf, dans ses *Notes*, dit que le nouveau propriétaire lui proposa presque aussitôt de lui céder le marché et de travailler pour son compte. L'offre, dans tous les cas, ne fut pas acceptée et Dollfus garda sa fabrique, dont il confia la direction technique à Roechling. A partir de 1811, c'est la raison Roechling et Cie qui figure seule sur les *Almanachs du commerce*. La maison était encore en activité en 1815 et avait un dépôt à Paris, rue de Richelieu, 95. En 1806, Dollfus accusait 200 ouvriers, imprimant 12 à 15.000 pièces à façon en toiles, piqués et bazins, pour le compte de négociants de Paris, Amiens, Saint-Quentin, Bruxelles, Rouen, Bordeaux et Montpellier.

CORBEIL.

Baron, avant de s'établir à Beauvais, avait fondé en 1763 une petite manufacture à Essonnes, près de Corbeil. Après sa mort, en 1768, l'entreprise périclita, et C.-P. Oberkampf l'acheta 50.000 livres, pour l'offrir à son frère Frédéric (1770). Celui-ci l'exploita vingt-trois ans avec une réussite soutenue, malgré un incendie qui consuma, en 1777, une grande partie des bâtiments. En 1780, les bureaux et magasins étaient à Paris, rue des Deux-Boules, 12. Frédéric Oberkampf prit, en 1793, Philippe Widmer pour le seconder, et trois ans plus tard recéda la manufacture à son frère qui la réunit à Jouy. Les deux établissements n'en firent plus qu'un. Nous n'avons aucun renseignement sur l'importance de la fabrication de Frédéric Oberkampf. Après sa réunion à Jouy, l'*indienne* servait surtout pour le blanchissage et les travaux exigeant une abondance d'eau qui faisait souvent défaut à la maison mère. Cependant l'enquête de 1806 estime à 20.000 pièces la production particulière de Corbeil. Frédéric Oberkampf avait pour chef, d'après le *Mémorial* de

Gottlieb Widmer : *Manufacture de toiles peintes et imprimées de Frédéric Oberkampf à Corbeil. Bon teint.* Après la mort de S. Widmer et la liquidation de 1821, un de

<table>
<tr><td>MANUF.^{RE} ET BLANCHISSERIE A CORBEIL.</td><td>C. WIDMER NEVEU DE FEU OBERKAMPF PERE, DE JOUY.
FABRICANT DE TOILES PEINTES BON TEINT</td></tr>
</table>

ses frères, Christophe, acheta l'*indienne*, et tenta l'impression sous le couvert d'un chef destiné à créer confusion avec Jouy. Mais il mourut dès le 14 décembre 1822.

JOUY-EN-JOSAS.

Vers 1812, Oberkampf vit s'élever une concurrence à Jouy même, sous la raison Vve Richaud, neveu et fils. François Richaud, le directeur de l'entreprise, avait soixante ans, possédait d'importantes ressources pécuniaires ; son cousin, Jean-Baptiste Richaud, de Versailles, n'avait que trente-deux ans, mais actif, laborieux, il jouissait comme lui d'un crédit fort étendu (Arch. départ. Seine-et-Oise, M). Tant de qualités ne suffirent pas à faire triompher les audacieux entrepreneurs. Leur établissement ne put se soutenir et les désastres de la fin de l'Empire ne furent évidemment pas étrangers à sa ruine. Les *Almanachs du commerce* ne citent pas leur nom.

MEULAN.

Il y avait, en 1798, une manufacture à Meulan, dont le propriétaire, Géant, n'a laissé d'autre trace de son existence qu'une pétition au Ministère de la Justice pour faire cesser des contestations entre lui et ses voisins, au sujet d'un pré et d'une source nécessaires à ses travaux (Arch. nat. F^{12} 1405).

RUEIL.

Charles-André Boulanger, de Rouen, qui exerçait depuis 1772 sa profession, chercha à établir à Rueil une manufacture dans un pré appartenant à Bonaparte (1802). Nous pensons que le projet n'eut aucune suite (Arch. nat. F^{12} 1405).

SÈVRES.

Vers 1760, se fonda à Sèvres une manufacture « anglaise », dirigée par Gayet et Montgirod. Elle n'eut que dix-huit mois de durée (*Mémorial* de Gottlieb Widmer). Chef : *Manufacture anglaise du château de Sève* (sic)... *Bon teint.*

En 1776, un capitaine d'infanterie, nommé de Robart, créa une autre fabrique qui n'eut pas plus de succès. Deux ans plus tard, pour éviter la faillite il sollicitait du Gouvernement un prêt de 20.000 livres, qui lui fut refusé, malgré l'appui de la reine, marraine de son fils aîné.

SEINE-ET-MARNE

MELUN.

Il existait à Melun une manufacture d'indiennes dont l'*Almanach des marchands* de 1785 ne nomme malheureusement pas l'entrepreneur. Il s'agit probablement du sieur Dijon, qui sollicita vainement en 1788 le titre de manufacture royale et divers privilèges (Arch. nat. F^{12} 106, p. 720).

En 1786 (l'enquête de 1806 dit par erreur 1776) Perrenod fonda dans le faubourg Saint-Liesne une manufacture qu'il dirigeait encore en 1793. Mais à cette date ses affaires périclitaient, et il sollicitait un secours de l'État de 50.000 livres pour se soutenir. Il prétendait avoir mis 400.000 livres dans l'entreprise (Arch. nat. F^{12} 1405). Il eut pour successeurs, avant 1806, Hurel et Beaufrère, propriétaires en même temps d'une filature de coton et tissanderie; puis, en 1811, Goupil

fils et Beaufrère, et en 1813, Beaufrère seul. La maison était encore en activité en 1815 et faisait tisser ses toiles, percales et calicots à la maison de répression de Melun. L'enquête de 1806 lui donne 30 ouvriers (120 en 1805), imprimant 3.000 pièces. La manufacture possédait une « nouvelle mécanique à imprimer inventée par le sieur Perrenod ». Le Musée de la Société industrielle de Mulhouse a dans son musée une très jolie bordure à rentrure portant le chef : *Manufacture de Perrenod et Cie. Bon teint. A Melun-en-Brie.*

CLAYE.

Jean Japuis, de Creutzach (duché de Bade), descendant d'une ancienne famille de réfugiés dauphinois et coloriste à Mulhouse, vint s'établir en 1774 à Claye, avec un imprimeur et un graveur. Il s'installa d'abord dans les communs inoccupés du château du prince de Polignac, puis dans le village près de l'église, ce qui lui valut la protection du seigneur du lieu (Arch. nat. F^{12} 107, p. 138). En 1806, sa fabrication était dépourvue d'activité, car l'enquête administrative ne mentionne pas son nombre d'ouvriers et ne lui accorde que 500 pièces d'impression. Mais l'établissement se releva promptement et lorsque Jean Japuis mourut en 1830, il employait de 3 à 500 ouvriers. Depuis cette époque, il y a toujours eu un membre de la famille Japuis dans la raison sociale, jusqu'au titulaire actuel, Paul-Hector Japuis, entré dans l'industrie en 1869.

MEAUX.

Decan, lieutenant de police à Meaux, fonda en 1779 une manufacture dont il confia la direction technique au Neuchâtelois Jean-Pierre Dutoit, coloriste, qui avait exercé les mêmes fonctions à Montpellier. Plusieurs notables de la ville entrèrent avec lui dans la Société que présida un sieur Tenglet. Mais à la fin de 1788, les pertes de l'entreprise se montant à 200.000 livres, Tenglet prit prudemment la fuite en Angleterre, avec 76.000 livres de valeurs et de marchandises. La faillite fut déclarée. En pleine activité, la manufacture occupait 24 imprimeurs, 12 tireurs, 3 ouvriers pour l'étendage au pré, 5 aux chaudières et à la préparation des couleurs, 7 au bateau pour battre et laver les toiles, 40 pinceauteurs ou pinceauteuses, 3 lisseurs, 3 étendeurs, 1 coloriste, 5 graveurs, 3 picoteurs, 1 metteur sur bois, 1 dessinateur, en tout 113 personnes (Arch. nat. F^{12} 1405).

OISE

BEAUVAIS.

L'importance des fabriques de toiles peintes à Beauvais, sans égaler celle de

Rouen, de Nantes ou de Jouy, tient néanmoins une première place dans le mouvement industriel du xviiiᵉ siècle.

La première manufacture fut fondée en 1765 à Saint-Just-des-Marais, près de Beauvais, sur les bords du Thérain, par Baron qui exploitait depuis deux ans une modeste fabrique à Corbeil. Après sa mort (1768) l'établissement prit une grande activité, sous la direction de Baron neveu et de Sallé, un des députés des manufactures de l'intérieur, signataire en cette qualité du *Mémoire et consultation pour les fabricants de toiles peintes dans l'intérieur du royaume en réponse au mémoire des fabricants de toiles peintes en Alsace* (Paris, Prault, 1788, in-4°). La manufacture, qui occupait, en 1777, 600 ouvriers, avec une succursale faubourg Saint-Jacques (Arch. nat. F¹² 1405), était en grande réputation pour les bleus faïencés. Jusqu'en 1789 au moins elle resta sous la même direction, avec un nombre un peu moindre d'ouvriers (400). Mais en 1806, Baron neveu, seul en titre, n'en occupe plus que 115, grâce à la nouvelle machine à cylindre qu'il vient de faire monter, et imprime néanmoins 16.000 pièces. En 1825, la fabrique, sous la raison Baron (neveu) les héritiers, était gérée par Hedelhofer et Cie, de Paris et Rouen (Arch. départ. Oise M).

Le second établissement remonte à 1775 environ (1770, si l'on en croit l'enquête de 1806), et jouissait d'une grande réputation pour l'application des rouges, ce qui le faisait employer par les Pourtalès, de Neuchâtel, et autres maisons suisses.

Il était situé près de l'église Sainte-Marguerite, à l'intérieur de la ville. Son propriétaire, Pierre-Paul Guérin-Radel, employait 400 ouvriers en 1782. En 1806, Paul Guérin fils n'en avait plus que 68 (150 en 1805), imprimant 12.000 pièces. La manufacture disparut vers 1812.

Charles Ticquet l'aîné, établi à Saint-Just en 1770, selon l'état de 1806, employait 200 ouvriers en 1782. Il était en 1788 député des manufactures de l'intérieur. Son fils lui succéda avant 1785. En 1806, Charles Ticquet-Carré n'avait plus que 30 ouvriers (90 en 1805), fabriquant 4.000 pièces. La maison disparut vers 1812.

Danse et Thewart étaient installés à Saint-Just avant 1776. En 1782, associés avec Garnier, ils sollicitaient un secours de 150.000 livres pour augmenter leurs affaires et prétendaient occuper 800 ouvriers, été comme hiver, chiffre que l'on peut croire notablement exagéré. En 1785, leur banquier de Paris, Lecouteux, étant entré dans l'association, les directeurs se contentèrent de demander le titre de manufacture royale, sans obtenir plus de succès (Arch. nat. F¹² 1405). En 1791, Louis Thewart figure seul en titre dans la raison sociale. Son nom n'est pas porté sur l'état de 1806.

C'est également à Saint-Just que les frères Michel avaient fondé une manufacture avant 1780. Ils occupaient 250 ouvriers en 1782. Mais ils cessèrent avant 1785. En 1791, François Michel père et fils ne sont plus que négociants (Arch. départ. Oise L. 2 p. Patentes). Ils ne figurent pas sur l'enquête de 1806.

En 1786, les quatre ateliers existants réunissaient 250 tables d'impression, 1.074 ouvriers (près de 2.000, dit l'*Almanach de Beauvais* de 1786), et faisaient 2.000.000 d'affaires. Les toiles de coton s'achetaient à Lorient, les toiles de fil, dites demi-hollandes, à Bulles et à Laval (CAMBRY, *Description de l'Oise*, 1803, I, p. 42).

Remarquons que l'*Almanach des marchands* de 1785 ajoute à cette liste le nom de Renaud Ménard, que nous n'avons trouvé nulle part, et ne cite pas Ticquet l'aîné. Quant à l'enquête de 1806, elle fait remonter à 1772 la manufacture de Gros, Davillier, de Paris, qui pourrait bien n'être qu'une suite d'affaires de Louis Thewart. Cette fabrique ferma en 1805 à la suite d'un procès pour la propriété des bâtiments.

Depuis 1801, les directeurs avaient acheté la manufacture de Wesserling et fondé une nouvelle société sous la raison, aujourd'hui plus que centenaire, de Gros, Davillier, Roman et Cie (*Histoire de l'industrie à Mulhouse*, p. 413).

La Révolution, comme de juste, vit la fondation de nouveaux ateliers. Giroud, le premier, établit sa fabrique à Notre-Dame-du-Thil, sur les bords du Thérain, en 1792. Le nombre de ses ouvriers, qui atteignait 300 en 1798, diminua rapidement. En 1805 il était réduit à 102 et imprimait 6.000 pièces. En 1811, il n'occupait plus que 70 personnes pendant quatre ou cinq mois de l'année : 3 graveurs, 14 imprimeurs, 6 rentreurs, 20 tireurs, 12 pinceauteuses, 5 cylindreurs, 10 manœuvres (Arch. départ. Oise M).

La veuve Sallé, sans doute une parente de l'associé de Baron neveu, s'installa en 1793, peut-être dans l'ancienne abbaye de Saint-Quentin (Préfecture actuelle). Elle employait, en 1806, 90 ouvriers (135 en 1805) imprimant 10.000 pièces. La manufacture existait encore en 1815.

Fichaut, établi en 1796, avec 25 ouvriers en 1806, fabriquait 6.000 pièces, et Daubonne, installé également en 1796, avec 30 ou 40 ouvriers, fit faillite quelques années après son établissement.

Les *Almanachs du commerce* donnent encore, de 1807 à 1811, Radel-Sallé (évidemment de la famille de Guérin-Radel) et Roger Gohé,

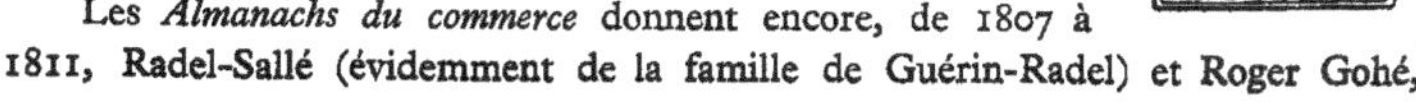

1810-1811. Nous ne saurions préciser laquelle de ces manufactures était établie au Pont des Quatre-Vents, hameau de Saint-Lucien.

CHANTILLY.

Le duc de Bourbon avait fondé, dans son château de Chantilly, non seulement une manufacture de porcelaine, mais aussi un atelier d'impression sur toile et sur soie.

En 1808, Richard-Lenoir établit une fabrique dans les bâtiments de l'ancienne manufacture de porcelaine. Il occupait, en 1811, 265 ouvriers et n'imprimait que les produits de sa tissanderie de Paris, 95, rue de Charonne (Arch. départ. Oise M). L'*Almanach du commerce* de 1815 mentionne encore à Chantilly la manufacture Richard et Lenoir-Dufresne.

C'est évidemment cette manufacture que Gottlieb Widmer désigne dans son *Mémorial* sous les initiales R...d. L...r « dont l'établissement de fraîche date faisait beaucoup de bruit dans le monde commercial et affectait de se poser en regard de son célèbre confrère de Jouy ».

CLERMONT-SUR-OISE.

L'*Almanach du commerce* de 1810 à 1815 signale une manufacture à Clermont. Le *Premier Voyage d'un Parisien à Beauvais*, par M., 1819, p. 54, en fait encore mention.

COYE.

Nous ne savons rien de la manufacture de Coye, indiquée par l'*Almanach des marchands* de 1785. Il s'agi$_t$ sans doute de l'établissement Combemale, existant

avant 1784 et dont le chef était : *Manufacture de Combemale et Compagnie au château de Coue (sic) Bon teint*. Combemale semble originaire de Montpellier. Nous ignorons la durée de l'entreprise. Les Guides, en 1812, ne signalent au château de Coye qu'une filature et tissage de coton.

ERMENONVILLE.

L'*Almanach des marchands* de 1785 place une manufacture à Ermenonville. Nous n'avons aucune autre mention de cet établissement.

SENLIS.

La *Description topographique et statistique de la France*, nº 36, p. 20, fait honneur à Senlis de manufactures « autrefois en grande réputation et tombées depuis 1789 ». Peut-être cette mention vise-t-elle les ateliers de Chantilly, de Coye ou d'Ermenonville.

III

ROUEN ET NORMANDIE

ROUEN ET NORMANDIE

SEINE-INFÉRIEURE

ROUEN.

Avec le département de la Seine-Inférieure, nous entrons dans un des plus anciens et des plus importants foyers de l'industrie de la toile peinte.

Gervais et Arvers (*Rech. sur la fabrication des toiles imprimées à Rouen*, 1816, p. 64) font remonter à 1756 l'arrivée à Rouen du Genevois Abraham Frey. A ce moment la libre fabrication des toiles peintes n'était pas encore proclamée, mais les mesures prohibitives avaient perdu beaucoup de leur rigueur. Mme de Pompadour, plus puissante que les édits, fit venir Frey à Corbeil pour lui faire imprimer un meuble de perse. En 1758, l'indienneur suisse, revenu en Normandie, fort de l'appui de la favorite et enrichi sans doute de ses libéralités, s'établit près de Rouen dans la vallée de Bondeville. Nous ne savons rien de sa carrière. Gervais et Arvers le font mourir à Rouen en 1811.

Les mêmes auteurs fixent à 1758 l'établissement d'Abraham Pouchet, de Bolbec, dans la vallée de Bondeville; à 1760, celui de Massac et Le Marois, à Claquedent, près Bonne-Nouvelle; à 1765, celui de Pierre Roger, à Darnetal.

A ces noms, sur lesquels nous n'avons aucun renseignement, ajoutons ceux de Deschamps à qui Guiraud, Cambon et Cie, de Montpellier, s'adressaient en 1765 pour avoir des ouvriers (Arch. nat. F¹² 1405); de La Vigne, qui employait comme graveur avant 1767 Pierre-Joseph Chauveau, cité par Papillon dans son *Traité de la gravure*, I, p. 531; de Pouchet-Belmare et fils, 1788 (Arch. nat. F¹² 107, p. 316 et 384); de Le Couteux et Cie qui achetaient à Lorient, à la Compagnie des Indes, 1.770 pièces de guinées, en 1786; de Liesse, qui transporta son atelier à Charleval en 1777; de Le Lièvre, Heutte, Vimeux et Cie, dont l'Exposition du Millénaire à Rouen en 1911 présentait un joli dessin de robe à rentrure portant le chef : *Manufacture de Le Lièvre, Heutte, Vimeux et Comp. à Rouen. Bon teint*, 1777; de Thomas Arlet, de Montpellier, ancien directeur des manufactures d'indiennes des États du pape à Rome, fondateur d'une fabrique à Lyon en 1778, puis établi à Rouen où il demandait vainement, en 1787, le titre de manufacture royale pour sa fabrique (Arch. nat. F¹² 1405, et 107, p. 190).

En 1787, les quatre manufactures les plus considérables de Rouen étaient celles de Roger fils et de Quesnel (à Darnetal), de Lambert, Vimeux et Cie, de Torcat et Long, de Lelièvre, Heutte, Gabory et Cie. Ils sollicitaient collectivement, sans pouvoir l'obtenir, l'établissement d'un bureau de marque dans leurs ateliers, à l'exemple de Jouy, de Beauvais, de Corbeil, de Meaux (Arch. départ. Seine-Inférieure, C. 166).

Deux de ces industriels, Quesnel et Heutte, étaient « anciens députés des manufactures de l'intérieur » et signaient en cette qualité le « *Mémoire et consultation sur les fabricants de toiles peintes dans l'intérieur du royaume, en réponse au mémoire des fabricants de toiles peintes en Alsace* » de 1788. De plus Quesnel, à

MANUFACTURE·DE A·QUESNEL
A DARNETAL·PRES ROUEN·BONTEINT

une date voisine, imprimait la belle teinture pour meubles à rentrure de la collection Rosot, dont le chef porte : *Manufacture de A. Quesnel, à Darnetal, près Rouen. Bon teint.*

L'enquête de 1806 relève 24 manufactures dans l'arrondissement de Rouen, occupant 2.783 ouvriers et imprimant annuellement 150.000 pièces en siamoises, toiles de l'Inde, toiles du pays, toiles de coton. A l'inverse des autres départements, la production ici est en pleine croissance. Malheureusement les rédacteurs du tableau ont négligé de mentionner les dates d'établissement des ateliers. Seuls les douze premiers sont qualifiés de *très anciens*, ce qui peut, sans témérité, les faire remonter avant 1789.

Nous y retrouvons, d'ailleurs, des noms déjà connus.

Torcat et Long de 1788 ont fondé deux établissements séparés. La veuve Louis Long, Boudehan et Cie (usine à Déville) emploient, en 1806, 250 ouvriers, imprimant 10.000 pièces, 1/5 en siamoises du pays, 1/5 en calicots du pays, 3/5 en toiles des Indes. En 1809, la raison devient veuve Louis Long, Boudehan et Fouquier, boulevard Cauchoise; de 1812 à 1815, veuve Louis Long et Fouquier, rue de Buffon, 16; puis Boudehan reste seul, boulevard Cauchoise, avec une fabrique à Darnetal.

La veuve Torcat et fils, boulevard Cauchoise, occupe, en 1806, 100 ouvriers imprimant 8.000 pièces de coton. En 1810, la raison devient Alex. Torcat, et l'adresse de la manufacture est aux Petites-Eaux, Martainville. L'*Almanach du commerce* ne le mentionne plus après 1814.

La manufacture Le Lièvre, Heutte, Gabory et Cie de 1788 est également divisée.

En 1806, Pierre Heutte, rue Saint-Romain, 26, fabrique 6.000 pièces, moitié en siamoises et moitié en toiles de coton, à l'aide de 80 ouvriers. L'établissement existe encore en 1815.

Gabory, boulevard Cauchoise, 32, usine à Déville, avec 100 ouvriers, imprime 3.000 pièces, 1/3 en toiles de coton et 2/3 en siamoises. La manufacture est encore en activité en 1815.

Moins heureux, Lambert et Vimeux ne semblent pas avoir conservé leur vogue de 1788. Dès l'année suivante, Vimeux s'était transporté à Paris, au clos Payen; en 1806, A. Lambert, dans sa fabrique de Darnetal, n'occupait plus que 50 ouvriers, imprimant 2.000 pièces.

Le tableau de 1806 nous donne encore Liesse aîné et Vacossin, occupant 400 ouvriers et fabriquant 20.000 pièces en toiles des Indes, sans doute des successeurs du Liesse de 1777, qui avait son usine à Darnetal. L'établissement n'est plus mentionné en 1808.

Goutant frères et Melissent, 28, rue de Voltaire, taxés à 150 ouvriers et à 6.000 pièces, 1/8 en siamoises et 7/8 en toiles de coton, sont sans doute les successeurs du Goutant, fondateur de la manufacture de Lyons en 1791.

Godefroy Quirinies Rouff, boulevard Cauchoise, 16, dont l'usine est au Houlme depuis 1793, imprime, en 1806, 10.000 pièces, moitié en siamoises, moitié en toiles de coton. Rouff fabrique encore en 1815 et prolonge sans doute son existence jusqu'au milieu du XIXe siècle, car son portrait, dans l'ancienne collection Georges Lebreton, peint par Ed. Melotte, porte la date de 1836.

Anty frères, 60 ouvriers, impriment 3.500 pièces. L'Exposition du Millénaire présentait deux chefs à ce nom, de la fin du XVIIIᵉ siècle : *Manufacture d'indiennes de Ch. Anty, Fleury-sur-Andelle*; *Manufacture d'indiennes de Ch. Anty, à Saint-Léger par Darnetal. Bon teint.*

Juste Barbet, rue de Fontenelle, 35, usine à Déville (1), a 250 ouvriers et fabrique 10.000 pièces, 1/5 en siamoises du pays, 1/5 en calicots et 3/5 en cotons. En 1814, la raison devient Barbet père et fils. Une autre maison, Barbet, Arnaud, Tison et Cie, s'établit, en 1810, rue aux Ours, 35, puis Grande-Rue en 1812. En 1814, elle existe encore. C'est sans doute la firme Cl. Arnaud, Tison père et fils, rue de la Grosse-Horloge, 19, citée par les *Almanachs du commerce.*

Jacquet père et fils, 190 ouvriers, 8.000 pièces, moitié en guinées, moitié en siamoises, ne figurent pas sur les *Almanachs du commerce.* Peut-être l'établissement passa-t-il en d'autres mains dès 1807. Il en est de même de Lambeley, avec ses 80 ouvriers et sa production de 4.500 pièces, 1/3 en siamoises, 2/3 en coton; de Vallée, 70 ouvriers, 3.000 pièces, 3/4 en toiles des Indes, 1/4 en toiles du pays.

Quant à Pouchet-Belmare, qui occupait 130 ouvriers et imprimait 6.000 pièces, 1/3 en toiles de coton de sa fabrication, 1/3 en toiles des Indes, 1/3 en siamoises du pays, nous ne savons s'il continua longtemps son industrie.

Les autres manufactures citées par l'enquête de 1806 sont de date plus récente et généralement de plus faible importance.

Bazile, rue Sénécaux, 10, usine à Bapaume, avec 100 ouvriers, imprimait 4.000 pièces de toiles des Indes. En 1809, la raison devint Bazile, Gonthier et Cie; l'établissement existait encore en 1815.

Amable Duchesne jeune, rue Saint-Hilaire, 2, puis 95, fabriquait, avec ses 120 ouvriers, 6.000 pièces, moitié en calicots du pays, moitié en toiles des Indes. Il exerçait en 1815.

Bapaume et Cocatrix occupaient 70 ouvriers et imprimaient 8.000 pièces en siamoises du pays. On les trouve encore en 1808 (cf. *Bull. Soc. indust. de Rouen,* mars-avril 1880).

Nous n'avons aucun renseignement sur Jaubert, 60 ouvriers, 3.400 pièces; Paschal, 25 ouvriers, 2.000 pièces; Bellanger, 28 ouvriers, 2.400 pièces; Le Rond, 20 ouvriers, 1.000 pièces; David, 50 ouvriers, 2.500 pièces; Minon, 25 ouvriers, 1.000 pièces; non plus que sur Vogel et Cie (1806-1807); Vanier (1812-1815), dont l'usine était à Darnetal et le dépôt rue du Panneret, 3; Septavaux, rue des Béguines (1813-1815), cités par les *Almanachs du commerce.*

<hr>

(1) Juste-Bonaventure Barbet (1753-1813) est le père de Juste B., directeur de Jouy et grand-père d'Henry B., administrateur du Louvre.

Risler fils aîné et Cie, sans doute de la famille des indienneurs alsaciens, dont la fabrique était à Dieppedale, près de Maromme, avait un dépôt rue Saint-Jean (1808-1811).

En dehors des fabricants, il y avait à Rouen d'importants marchands d'in-

diennes, dont quelques-uns, comme Thomas Le Petit et comme M. Buchot, faisaient apposer leur chef sur des toiles imprimées par Gabory ou d'autres.

BOLBEC.

L'importance de Bolbec, au point de vue de l'impression des tissus, n'est pas loin de balancer celle de Rouen. De 1779 à 1785, les *Almanachs des marchands* ne signalent pas moins de 10 manufactures « tant en réserve ou toiles bleues imprimées qu'en indiennes ». L'enquête de 1806 en relève 22, mais ce sont en général de petits ateliers, répartis entre les membres de deux ou trois familles, telles que les Lemaître et les Fauquet.

L'industrie de la toile peinte aurait pris naissance à Bolbec avant 1760, avec Abraham Pouchet, si l'on s'en rapporte à Gervais et Arvers. De 1779 à 1785, l'*Almanach des marchands* cite pour les toiles bleues en réserve : Jacques Pouchet, Pierre Pouchet, Bertin, Daniel Lemaître, Jacques Lemaître, Pierre Launay l'aîné, Benoit Voutremer (Vaudremer?), Lecoq; pour les indiennes, Daniel Lemaître, Pierre Launay l'aîné. Jean-François Keittinger n'apparaît qu'en 1788, associé à Pou-

chet, et imprime 6 à 7.000 pièces. Pierre Fauquet-Lemaître sous la Révolution employait le chef : *M^re de P^re Fauquet D^il (sic) Lemaître et Cie de Bolbec. Bon teint*.

En 1791, Jean-François Keittinger s'établit à son compte et son fils François Keittinger, qui lui succéda, tient la tête, sur l'état de 1806, avec 150 ouvriers, imprimant 15.000 pièces, 1/4 siamoises, 3/4 toiles des Indes (la maison jusqu'en 1853 portera la même raison sociale) (1).

(1) La fabrique existe encore.

13

Pierre Pouchet fils occupe aussi 150 ouvriers et fabrique 12.000 pièces, moitié en siamoises et moitié en toiles de coton du pays. Il exerce encore en 1815.

Puis vient Jean-Baptiste Lecoq, 70 ouvriers, 10.000 pièces, 3/4 en siamoises, 1/4 en toiles des Indes, devenu en 1808 Lecoq frères et subsistant après 1815.

La famille des Fauquet n'a pas moins de 6 fabriques, variant de 20 à 50 ouvriers et produisant de 3.500 à 6.000 pièces. Ce sont : la veuve Fauquet-Lemaître, 40 ouvriers, 4.000 pièces; la veuve Pierre-Abraham Fauquet, 18 ouvriers, 3.500 pièces; veuve Iⁿ Fauquet, 30 ouvriers, 5.500 pièces; Pierre Fauquet, 30 ouvriers, 5.000 pièces; Jules Fauquet, 18 ouvriers, 3.500 pièces; veuve J. Fauquet, 50 ouvriers, 12.000 pièces (chiffre évidemment exagéré). Quelques-unes subsistent en 1815 : veuve J. Fauquet, Fauquet frères, Fauquet et Bonvel.

Les Lemaître (1) ont quatre ateliers : Jean-Baptiste Lemaître, 40 ouvriers, 4.000 pièces, devenu Daniel Lemaître de 1811 à 1815; Lévesque, veuve Lemaître, 40 ouvriers, 5.000 pièces, encore en exercice en 1815; Viard, veuve Lemaître, 45 ouvriers, 6.000 pièces, encore en activité en 1815; Jules Lemaître jeune, 20 ouvriers, 3.500 pièces.

Le tableau donne encore Pierre Belloncle, 20 ouvriers, 4.500 pièces; Jules Castaigne, 35 ouvriers, 4.500 pièces (2); Guillaume Dupré, 25 ouvriers, 4.500 pièces; David Colond, 15 ouvriers, 3.000 pièces; P. Demaire, 15 ouvriers, 2.000 pièces, tous en exercice en 1815 *(Almanachs du commerce)*.

Lesueur, 20 ouvriers, 4.000 pièces; Sandoz, 15 ouvriers, 1.500 pièces; Besselièvre frères, 20 ouvriers, 2.000 pièces (3); Louis Neveu, 28 ouvriers, 5.000 pièces; Dedouty, 25 ouvriers, 4.500 pièces, ne figurent sur aucun *Almanach*.

CAUDEBEC.

L'*Almanach des marchands* de 1779 cite à Caudebec une « très belle manufacture de toiles bleues en réserve, Jacques Pouchet manufacturier ». Peut-être fait-elle double emploi avec Bolbec.

GRUCHET-SAINT-SIMON.

L'*Almanach des marchands* de 1785 mentionne, sans nom de directeur, une

---

(1) Existent encore sous des noms modifiés.
(2) Le Musée commercial de Rouen possède un album d'empreintes avec le chef : *M. de J. Castaigne De Bolbec*.
(3) Existent encore sous des noms modifiés.

manufacture à « Gruchet-Saint-Simon près Bolbec ». Il est possible qu'il y ait confusion avec Gruchet-le-Valasse, Gruchet-Saint-Simon se trouvant dans l'arrondissement de Dieppe.

MAROMME.

L'*Almanach du commerce* mentionne deux manufactures à Maromme de 1806 à 1815: celle de Toussaint Tierce et celle d'Ostonin. L'une d'elles doit être l'établissement anonyme cité par l'*Almanach des marchands* au Petit-Maronne *(sic)* en 1785.

MARTAINVILLE.

L'*Almanach des marchands* de 1785 mentionne une fabrique à Martainville, sans nommer son directeur. Il s'agit peut-être de l'établissement qu'exploitait, aux Petites-Eaux, Alex. Torcat en 1810.

MESNIL-SOUS-LILLEBONNE.

Nous ignorons si la maison Delahays et Villiot, à Mesnil-sous-Lillebonne, est antérieure à 1815.

EURE

CHARLEVAL.

Propriétaire de prairies à Charleval, le long de la rivière d'Andelle, Liesse y transporta en 1777 la manufacture qu'il avait à Rouen. La *Statistique de l'an VIII* (1800) lui fait honneur de 100 tables d'impression et de 600 ouvriers; mais en 1805, il n'occupait plus que 300 ouvriers, 260 l'année suivante avec 12 tables d'impression seulement. Il imprimait alors 9.000 pièces en siamoises et toiles de coton du pays de Caux. L'établissement existait encore en 1815.

GISORS.

La manufacture de Morris, établie à Gisors en 1806 avec 80 ouvriers, n'en employait plus que 25 l'année suivante. Nous ignorons si elle put se soutenir (Arch. départ. Eure).

LYONS.

En 1791, un industriel de Rouen, Goutant, installa une manufacture dans l'ancien couvent des Cordeliers de Lyons. Il employait 220 ouvriers en 1805, et 60 seulement en 1806, avec 6 tables d'impression. Sa production ne dépassait pas 2.000 pièces. Il est probable que l'établissement se releva par la suite, car il existait encore en 1815.

CALVADOS

VENOIX.

En 1786, Burk, ou Buck, Suisse d'origine, associé à un de ses compatriotes nommé Perret, fonda une manufacture de toiles peintes à Venoix, aux portes de Caen (Arch. nat. F^{12} 1405). C'était un praticien capable, excellent coloriste. Malheureusement des malheurs domestiques « qui ne pouvaient cependant pas lui être attribués personnellement », dit une minute du préfet du Calvados, le conduisirent à la ruine.

En 1804, il n'avait plus que 10 ouvriers, en 1806 un seul, qui n'imprimait que du chiffonnage ou des coupons.

Un second établissement, fondé à Caen en 1794 par Pesnel, n'eut pas plus de succès. En 1804, il n'occupait que 5 ouvriers, et un seul en 1806 (Arch. départ. Calvados).

Le préfet ne jugea pas à propos de signaler d'aussi piètres établissements dans son enquête officielle. Mais la *Statistique* de Peuchet et Chanlaire mentionne encore la fabrique de Venoix vers 1808.

IV

MARCHES DU NORD ET DE L'EST

MARCHES DU NORD ET DE L'EST

AISNE

SAINT-QUENTIN.

Saint-Quentin, qui fabriquait avant la Révolution pour environ quinze millions de linons, batistes, mignonnettes, mousselines et toiles des Indes, n'avait pas de manufacture de toiles peintes. En 1806, une société s'était constituée pour fonder un établissement. Le projet ne semble pas avoir abouti (Arch. nat. F^{12} 1562).

LESQUIELLE.

A Lesquielle, près de Guise, la manufacture d'indiennes de Basse et Cie avait le titre de manufacture royale. Son entrepreneur obtint, en 1788, le transfert du bureau de marque de Guise à Lesquielle (Arch. nat. F^{12} 107, p. 112).

NORD

LILLE.

L'*Essai sur le commerce de la ville de Lille*, de 1778 (Arch. départ. Nord, C. 7, 2), fait remonter à 1763 environ la fondation des deux manufactures de Lille : « Elles sont l'une et l'autre fort en vigueur et emploient un grand nombre d'ouvriers... Les toiles sont en général celles des Indes, dont on se fournit à la vente au port de l'Orient. Les débouchés de cette fabrique sont immenses. » Une seule de ces manufactures avait le titre de royale : les deux, dit l'*Almanach des marchands* de 1779-1785, qui nous apprend le nom des entrepreneurs : Durot et fils et Marous.

Nous n'avons aucun renseignement sur leur exercice. Durot fabriquait encore en 1788 (Arch. nat. F¹² 107, p. 269).

L'enquête de 1806 ne mentionne aucun atelier à Lille. Il y avait cependant une manufacture rue de l'Arc, en 1798, qui produisait des articles à bon marché (DERODE, *Industrie à Lille*). L'*Almanach du commerce* de 1808 à 1814 donne Coulon, Delcambre et Colle, Rossignol, veuve Pollet, Mairesse, Becquart frères. En 1815, on ne trouve plus que Rossignol et A. Delcambre fils, auxquels est venu se joindre J.-B. Lemaire.

CAMBRAI.

A l'article Leipzig, l'*Almanach des marchands* de 1785 mentionne des « toiles peintes de Cambrai ». Nous n'avons aucun renseignement sur cette fabrication. L'enquête de 1806 ne signale qu'une seule manufacture, fondée en 1804 par Alex. Fremicourt et imprimant 1.400 pièces, 800 en batistes, 200 en mousselines, 400 en basins piqués.

HAZEBROUCK.

Quatre petits ateliers occupaient à Hazebrouck, en 1806, chacun 4 ou 5 ouvriers et imprimaient 20 à 25 pièces par an. C'étaient Jean Ruyssen, Dominique Serrebo, Joseph van Colis, Pierre Wenve. Leur établissement remontait à 1803.

HOUPLINES.

La manufacture de fil de coton et de mousselines, fondée par Raincour à Houplines, et qui obtint le titre de manufacture royale le 22 février 1768, imprimait les tissus de sa fabrication. C'est un des motifs invoqués par l'arrêt du Conseil (Arch. départ. Nord, C. 9).

VALENCIENNES.

Il existait dès 1768 à Valenciennes « une fabrique d'impression de toiles de coton » (Arch. nat. F¹² 650). Mais nous n'avons aucun renseignement sur cet établissement.

Celui de Danneaud, en 1785, n'avait que peu d'importance, selon le rapport de l'inspecteur : « Il imprime par an quelques pièces de toiles communes en bleu et en blanc pour la ville et ses environs, principalement pour la campagne. Mais ce n'est qu'une misère. »

L'enquête de 1806 signale trois ateliers d'impression de batistes : G. Heaner et Teinturier, établis depuis 1803, occupaient 7 ouvriers (15 en 1805); Louis Olivier, ainsi que Lejeal, de création plus récente encore, n'en avaient que 1 ou 2. En 1810, on ne trouve plus qu'une seule manufacture à Valenciennes.

SOMME

AMIENS.

Bien que l'industrie des toiles peintes ait été à peu près inconnue en Picardie, on ne peut passer sous silence les manufactures « flories », ou d'étoffes fleuries d'Amiens, ni surtout leur créateur Jacques-Alexandre Bonvalet.

C'était un inventeur remarquable et Roland de la Platière, alors inspecteur des manufactures à Amiens, vit fonctionner dans sa fabrique, à Saint-Maurice-les-Amiens, la première machine à imprimer au rouleau (1775). Il fit d'ailleurs un peu de toiles peintes à ses débuts en 1756; mais sa spécialité, comme celle des maisons fondées à son imitation, était l'impression des étoffes de laine. En 1786, on en comptait cinq à Amiens : Flesselle, Casteigne de Lahaye, Herbert, Ant. Joly et Bonvalet fils (Arch. nat. F^{12} 1405).

MEUSE

BAR-LE-DUC.

⟋ Les frères Jean et Dieudonné Robert fondèrent une manufacture à Bar-le-Duc, avant 1779. Mais il est possible qu'il y ait eu avant eux des ateliers dans cette ville, car J.-J. Schmaltzer, un des fondateurs de la célèbre manufacture de la Cour de Lorraine, à Mulhouse, y travaillait avant 1745. L'*Almanach des marchands* de 1779 consacre quelques lignes aux frères Robert : « Il s'est formé depuis peu... une fabrique de toiles peintes, dont on espère beaucoup, par la sage conduite et les talents des entrepreneurs. MM. Robert frères, à qui appartient cette manufacture, reçoivent des commissions, en font l'envoi et donnent toutes les facilités que l'on peut désirer. » Si l'on en croit l'ex-abbé Goy, inspecteur des manufactures et très qualifié comme ami d'Oberkampf à parler des toiles peintes, ces *commissions* consistaient à prêter leur « chef » aux fabricants étrangers pour introduire leurs produits à la frontière à l'aide d'une marque nationale : « L'on m'a certifié dans le temps, dit-il, dans un rapport du 3 septembre 1790, que les frères Robert, à Bar-le-Duc, en

Lorraine, prêtent leur nom à toutes les manufactures de Suisse, soit de Genève, Berne, Bâle, Neuchâtel, etc., dont toutes les blanchisseries sont remplies de marchandises où la légende de Robert frères est imprimée » (Arch. départ. Drôme, C. 8). Malgré tant d'ingéniosité, l'établissement ne put se soutenir longtemps. L'*Almanach des marchands* le mentionne encore en 1785. Il dut disparaître avant la Révolution. Jean Robert, l'aîné des deux associés, né le 17 février 1738, était un des notables de Bar-le-Duc, dont il resta maire du 29 avril 1772 au 21 novembre 1791. Son frère fut trésorier de l'Hôtel de Ville en 1772.

MEURTHE-ET-MOSELLE

NANCY.

La Lorraine, où les tissages et les filatures furent assez florissants, ne tient qu'une place très effacée dans l'industrie de la toile peinte. A Nancy, à en croire un *Mémoire* de 1692, on imprimait force toiles peintes de contrebande pour approvisionner la Champagne, la Bourgogne, la Lorraine (DEPITRE, *la Toile peinte en France*, p. 43).

En 1730, une manufacture, sur laquelle nous n'avons aucun renseignement, obtint un privilège (Arch. départ. Meurthe-et-Moselle, B. 172). En 1788, le Suisse Rodolph Sigrist, coloriste à Nancy, obtint l'autorisation d'ouvrir un atelier en Lorraine ou en Alsace (Arch. nat. F^{12} 107, p. 568), dont nous ignorons le sort. L'enquête de 1806 est négative pour la région, mais l'*Almanach du commerce* de 1805 à 1815 fait honneur à Nancy d'une manufacture sur laquelle nous n'avons aucune indication. Il s'agit peut-être de celle de Bosserville. M. Sadoul, à Nancy, possède quelques bois gravés provenant de manufactures lorraines.

BACCARAT.

La fabrique de toile de coton en façon de Rouen, fondée en 1789, à Baccarat, par Jean-Charles Boulanger l'aîné, de Rouen, sur la rive gauche de la Meurthe, et reconstituée en société en 1809 sous la raison Moitrier, Boulanger le jeune et Cie, semble avoir fait un peu d'impression en siamoises ou calicots. Mais l'état de la manufacture en 1811 ne tient pas compte des ouvriers occupés à ce travail.

BOSSERVILLE.

Une société de négociants de Nancy fonda une manufacture dans l'ancienne chartreuse de Bosserville, à 5 kilomètres de la ville, vers 1800. L'établissement occupait, en 1802, 100 ouvriers (Arch. départ. Meurthe-et-Moselle, M.). Mais malgré les avantages d'un superbe emplacement et de bâtiments immenses obtenus à bas prix, il n'obtint que des succès médiocres. De 1807 à 1809, il avait à sa tête Marin et Cie *(Almanach du commerce)*. Tout à côté, à Jarville, les directeurs associés d'une fabrique nancéenne de toiles de coton, Badel, Thouvenin, J.-B. Houet, Guérin et Cie avaient installé une teinturerie où l'on semble avoir fait de la réserve. L'atelier en 1798 occupait 20 ouvriers (Arch. départ. Meurthe-et-Moselle, L. 246 *bis*).

DIEUZE.

En 1795, la filature de coton, dirigée à Dieuze par Toblant, J. Gremel et Bataillet-Rique, joignait à la teinture quelque peu d'impression. Mais 12 ouvriers seulement sur 136 étaient « employés à la teinture et à l'apprêt y compris l'impression des toiles et teinture des fils » (Arch. départ. Meurthe-et-Moselle, L. 1040).

DOMÈVRE.

En 1810, Marmod le jeune voulut joindre à sa manufacture de calicots de Domèvre la fabrication des toiles peintes. Il établit un atelier de 50 tables d'impression, mais dès 1811 la crise commerciale, qui pesait sur toute la France, l'obligea à renoncer à ce genre d'industrie (Arch. départ. Meurthe-et-Moselle, M.).

PONT-A-MOUSSON.

Un négociant parisien, Perney, chercha à obtenir du Gouvernement, puis à acquérir à certaines conditions, une maison d'émigrés à Pont-à-Mousson, pour y établir une manufacture (1796-1797). Il n'eut pas gain de cause (Arch. nat. F¹ 1405).

V

CHAMPAGNE ET FRANCHE-COMTÉ

CHAMPAGNE ET FRANCHE-COMTÉ

AUBE

TROYES.

L'industrie des « toiles d'Orange » fut introduite à Troyes, vers 1766, par Claude-Edme Debure, propriétaire des moulins à papier dits moulins Le Roy. L'entreprise, d'abord languissante, devint plus prospère sous la direction de Mlle Marie Morlet, puis de Louis Oudan et Louis-Marie Desjardins. Elle occupait, en 1806, 140 ouvriers, imprimant 7.000 pièces.

Vers 1777, les directeurs de la manufacture ouvrirent de nouveaux ateliers, faubourg de Croncels, rue des Terrasses, sur la Vienne. Mais ils furent incendiés le 3 mars 1785. L'entrepreneur, Pierre Morlet, en mourut quelques jours plus tard. La firme Morlet et Cie garda cependant une prospérité apparente. Mais le 18 novembre 1789 un nouvel incendie détruisit la manufacture. Les directeurs furent soupçonnés de l'avoir provoqué. Vers 1802, trois des associés, neveu et gendres de Morlet : Jean-André Roust, Antoine Ranguisi et Pierre-Henry Piquet (de Neuchâtel) ouvrirent un nouvel établissement au Bas-Trévois. Ils liquidèrent au début de 1808.

En 1777, Tézenas et Grasson avaient établi au faubourg de Croncels une manufacture d'indiennes, que Antoine Geoffroy-Prieur reprit en 1782. Le 6 avril 1784, tenté par les lauriers de Réveillon, le directeur prêtait sa propriété pour l'enlèvement de trois ballons. Quatre ans plus tard il cherchait en vain un associé pour remonter l'entreprise. Il n'était plus en 1791 qu'un simple imprimeur.

En 1792, Joseph Anheim, originaire de Soleure, établit une manufacture au

Bas-Trévois, qui occupait, en 1806, 132 ouvriers. Ses gendres, L. Baudin et Colas-Anheim, lui succédèrent jusqu'en 1828.

L'atelier de la Trinité-Saint-Jacques (Rozet, Martinet et Cie), fondé en 1795, eut une durée beaucoup plus éphémère. Il avait disparu dès 1803. Ferrand et Baudot, qui achetèrent la manufacture, cessèrent la fabrication des indiennes.

Quant à l'atelier Amandry, Fleuriot et Cie, fondé en 1803 près de la porte de Croncels, devenu en 1808 Fleuriot et Cie et en 1810 Gazon et Cie, il ne figure même pas sur l'enquête de 1806. Les associés étaient des ouvriers plus riches de bonne volonté que de capitaux.

Un troisième atelier, à Croncels, fut fondé en 1812 par un Mulhousien, Jean-Georges Keller, associé avec un sieur Labille. Dix mois plus tard l'entreprise liquidait (Louis MORIN, *Recherches sur l'impression des toiles dites indiennes à Troyes*).

HAUTE-MARNE

ARC-EN-BARROIS.

En 1795, un sieur Heilmann, sans doute de Mulhouse, demanda à acquérir l'ancien couvent des Ursulines et un pré y attenant provenant du duc de Penthièvre, pour établir une manufacture (Arch. nat. F¹² 1405). C'est peut-être l'atelier « en décadence » que mentionne une lettre du préfet de la Haute-Marne en 1806 et qu'il n'a pas jugé digne de figurer sur son état.

Jean-Jacques Weisbeck fonda un établissement avant 1774. Chef : *Manufac-*

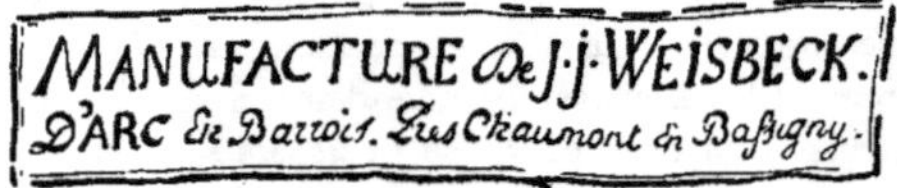

ture de J.-J. Weisbeck d'Arc-en-Barrois. Près Chaumont-en-Bassigny. L'établissement ne semble pas distinct de celui de Giey-sur-Aujon.

COURCELLES-SUR-BLAISE.

La manufacture de J.-B. Zeller et Wispizer remonte à 1750, selon Jolibois, p. 70; à 1776 seulement d'après l'enquête de 1806. Elle occupait une trentaine de tables d'impression, 200 ouvriers et imprimait 10.000 pièces. Mais dès 1789, les entrepreneurs étaient réduits à demander l'aide du Gouvernement (Arch. nat.

F¹² 107, p. 756), et en 1798 J.-B. Zeller ne faisait plus guère d'affaires. En 1806, Jean-Pierre Chailley, son successeur, n'occupait plus que 4 ouvriers, fabriquant 200 pièces environ.

GIEY-SUR-AUJON.

La manufacture de Giey fut fondée vers 1760 (1768, selon Jolibois, p. 231), par le Suisse Jean-Jacques Weisbeck, qui venait de faire une entreprise malheureuse à Pressure (Nièvre). Il l'exploita pendant trente-cinq ans, avec Nicolas Raguet pour chef d'atelier, puis pour associé (Arch. nat. F¹² 107, p. 190, 568, 903). L'établissement, encouragé par les libéralités du duc de Penthièvre et des États de Bourgogne, imprimait presque exclusivement des garas communs à 30 s. l'aune, de sa fabrication. Il comprenait 40 métiers à tisser, 15 tables d'impression et produisait 6.000 pièces de 15 aunes en 1785. En 1795, Raguet devint seul propriétaire, mais la dépréciation des assignats, un prêt de 20.000 livres qu'il lui fallut rembourser à la succession du duc de Penthièvre, causèrent promptement sa ruine. En 1806, la filature n'occupait plus que 5 ou 6 métiers et l'atelier des toiles peintes 12 ouvriers : 5 manœuvres pour le blanchiment des toiles, 1 graveur, 3 imprimeurs, 3 apprentis-tireurs. La fabrication était tombée de 4.000 pièces à 800. L'établissement dut disparaître peu de temps après, car les *Almanachs du commerce* n'en font pas mention.

LANGRES.

En 1787, Jourdain établit une manufacture à Langres avec des ouvriers qu'il avait fait venir d'Allemagne. Elle comprenait 75 ouvriers environ en 1798 (Arch. départ. Haute-Marne, Lᵐ).

L'état de 1806 n'en fait pas mention.

HAUTE-SAONE

HÉRICOURT.

Jacques-Philippe Dollfus s'établit à Héricourt en 1804. Il imprimait environ 3.000 pièces, en 1806. L'*Almanach du commerce* le mentionne encore en 1815. Il ne semble pas y avoir eu au XVIII⁰ siècle à Héricourt de véritables manufactures de toiles peintes. Cl.-F. Boigeel père et fils et P.-C. Noblet, dont les ateliers remonteraient l'un et l'autre à 1756, ne fabriquaient en 1788 que des étoffes de laine à l'imitation de l'Angleterre et de la Saxe.

DOUBS

BESANÇON.

L'*Almanach des marchands*, de 1779 à 1785, ne signale que des négociants en toiles d'indiennes, Saint, Bogillet, Clerc. L'enquête de 1806 mentionne un sieur Tailleur, établi depuis 1796 et occupant 3 ouvriers à imprimer en réserve des toiles peintes destinées à la consommation locale (Arch. nat. F¹² 1562). Le même état cite des ateliers de ce genre à Sancey, Rosureu, Consolation, Orsans, Quingey, Pont-les-Moulins, l'Isle-sur-le-Doubs, Goux, Grandbief, Mouthier, la Rasse, tous établis sous la Révolution, et réduits à quelques ouvriers. Il semble qu'il s'agisse là de modestes ateliers domestiques plutôt que d'une véritable industrie.

De 1806 à 1811, l'*Almanach du commerce* signale à Besançon une fabrique de toiles peintes sans autre désignation.

HÉRIMONCOURT.

Pierre Peugeot construisit à Hérimoncourt une manufacture qui commença à fonctionner en 1763 avec 5 ouvriers. Elle existait encore en 1769.

MONTBÉLIARD.

Les droits de franchise, dont jouissait la principauté de Montbéliard, y permirent la fabrication des toiles peintes à une époque où elle était sévèrement prohibée en France. Dès 1729, Girtanner, de Saint-Gall, établit une fabrique à Sainte-Suzanne; Pierre-Étienne Menoth en ouvrit une à Sochaux en 1749.

En 1768, Nicolas Lotz, de Bâle, s'associe à Frédéric Greys, d'Exincourt, et Jean-Georges Ferrand, de Sochaux, pour teindre et imprimer des toiles de coton et autres, tant en bleu qu'en autres couleurs (Arch. départ. Doubs, E. 1589).

Le 31 juillet 1769, un teinturier de Montbéliard, Jean Frick, originaire de Berne, prend à son compte à Audincourt, dans la maison dite du *Sauvage*, une fabrique d'indiennes qu'il exploitait jusque-là en association avec Jean-Pierre Fainot, meunier du moulin de Berne-Séloncourt.

L'année suivante, Jean-Frédéric Rau (Jacques de Balinguen, Wurtembourgeois, selon J. Dépierre) établit à Montbéliard une fabrique d'indiennes. Il tissait dans ses ateliers les toiles de coton nécessaires à ses impressions (NARDIN et MAUVEAUX, *Hist. des corporations de Montbéliard*, 1910, I, p. 416).

COTE-D'OR

DIJON.

La manufacture de toiles peintes et de velours de coton, établie dans les faubourgs de Dijon, fut à plusieurs reprises l'objet des encouragements des États de Bourgogne. En 1779, elle était dirigée par la veuve Défossés; en 1785, le propriétaire se nommait Cappus *(Almanach des marchands)*. L'industrie des toiles peintes semble s'être conservée à Dijon jusqu'en 1806 *(Almanach du commerce)*. Cependant l'enquête administrative de cette date est négative pour la Côte-d'Or.

YONNE

SENS.

La manufacture royale de velours de coton, à Sens, fabriquait également des indiennes et des toiles de coton. Les entrepreneurs, Biard et Caminot, au moins à leur début, se livraient même à l'impression des toiles, car ils avaient dans leur personnel, 1 graveur, 4 imprimeurs, 4 tireurs, 12 pinceauteuses, 1 blanchisseur, 1 glaceur. Mais ils se plaignaient en 1765 de ne pouvoir vendre les marchandises fabriquées, faute de permission et de marque (Arch. nat. F^{12} 1405). En 1779, leurs successeurs, Pelletier et Cie, ne faisaient que de la teinture *(Almanach des marchands)*. L'enquête de 1806 nous apprend que Richard le jeune, père et fils, manufacturiers en tissus de coton, songeaient à s'adjoindre la teinture et l'impression, mais nous ignorons s'ils donnèrent suite à leur projet.

VI

LYON, DAUPHINÉ, SAVOIE

LYON, DAUPHINÉ, SAVOIE

RHONE

LYON.

L'industrie des toiles peintes fut introduite à Lyon en 1762, par des Genevois, Picot et Fazy, qui fondèrent une importante manufacture, quai d'Artois, avec plusieurs intéressés. La Société comprenait Louis-Charles Fazy, frère de Jean-Louis Fazy, directeur de la manufacture des Bergues, Daniel Picot, Jacques Girod et François-Louis Senn, qui s'en retira dès 1784 pour fonder une fabrique à Bruxelles (Wesserling?) avec Bidermann. Elle était encore en activité en 1796, mais elle ne figure pas sur l'enquête de 1806 (FAZY, *Notes sur l'industrie des indiennes à Genève*). Elle occupait 546 ouvriers en 1787 et 930 en 1788 et fabriquait 2.000 à 3.000 pièces. En 1812, l'État se rendit acquéreur des bâtiments pour y installer une manutention de tabacs.

Claude Gagnaire, qui avait exploité un établissement à Montbrison, de 1778 à 1782, s'installa en juillet 1783 à l'Hôtel des Conférences, chaussée Perrache, avec 6 tables d'impression seulement. Il exerçait en 1785 (Arch. nat. F^{12} 1405).

Le faubourg de Vaise avait une fabrique, celle de Josserand, fondée en 1782, spécialisée dans les bleus et qui imprimait, en 1786, 1.800 pièces. Plus tard, Garnier et Roux auraient occupé jusqu'à 500 ouvriers, si l'on en croit les minutes de l'enquête de 1806 (Arch. munic. Lyon).

Obrech et Cie, établis à la Guillotière en 1789, occupaient 100 ouvriers en 1804 et imprimaient 3.500 pièces en toiles de l'Inde et de la Suisse. En 1806 l'établissement n'avait plus aucune activité (4 ouvriers).

Sulot et Cie, également à la Guillotière depuis 1791, avaient 120 ouvriers en 1804, imprimant 4.500 pièces en toiles de l'Inde. En 1806, la fabrication était réduite à néant. Il est probable cependant que l'établissement se releva, car on trouve sur l'*Almanach du commerce* de 1815, Sulot, porte Saint-Clair.

Georges Agenbak, à la Croix-Rousse, était établi depuis 1799. Il occupait 30 à 40 ouvriers et imprimait 2.500 pièces de Suisse, de l'Inde et du Beaujolais.

Le Suisse Jacques Jaques, après son insuccès à Vienne en 1802, avait transporté à Lyon les débris de son atelier. En 1806, Frédérik Jaques, sans doute son fils, n'occupait que 2 ouvriers et imprimait 200 pièces.

L'enquête de 1806 annonce en outre l'ouverture imminente de la maison Brunet, Lambelet et Cie, succédant à Favre dont la manufacture était fermée depuis trois ans. Nous n'en avons pas d'autre mention.

En 1810, il n'y avait à Lyon que deux manufactures occupant 8 graveurs, 30 imprimeurs, 9 pinceauteuses, 24 manœuvres. En revanche, on comptait 13 marchands en gros et 68 au détail. Beaucoup d'entre eux faisaient fabriquer à façon par Oberkampf.

COLLONGE.

Un Allemand, Stompf, imprimait à Collonge, en 1786, 1.800 pièces.

FONTAINES-SAINT-MARTIN.

L'*Almanach des marchands*, en 1779, mentionne à Fontaines une manufacture « d'étoffes imprimées imitant les belles indiennes, dont les dessins sont dans les meilleurs goûts », sans malheureusement nous désigner le directeur. En 1784, on trouve à Fontaines deux petits établissements, celui de Bossage et Bonnet, situé à Roye, sur les bords de la Saône, 3 à 4 tables d'impression, 2.500 à 2.600 pièces, et celui d'Altherman ou Harteman (mort en 1789), 2.400 pièces, 4 à 5 tables (Arch. nat. F¹² 1405).

L'enquête de 1806 donne Abraham Mellier et Cie, à Saint-Martin-de-Fontaines, remontant à 1788. Ce manufacturier, sans doute un parent des Meillier, de Beautiran, occupait 160 ouvriers, imprimant environ 12.000 pièces d'indiennes ou de mouchoirs, en toiles du pays. La maison existait encore en 1815.

IRIGNY.

Il existait, en 1821, un établissement à Irigny.

LA MOUCHE.

En 1786, Pourrière imprimait 3.000 pièces à façon, pour un détaillant de Lyon, Terme.

NEUVILLE-SUR-SAONE.

Il existait, en 1821, une manufacture à Neuville-sur-Saône.

PIERRE-BÉNITE.

En 1786, Fier travaillait à façon pour les marchands de Lyon. En 1821, Dubois y avait une fabrique d'indiennes.

SAIN-BEL.

Un petit indienneur-teinturier à façon, Blanc, établi à Sain-Bel, nous a laissé

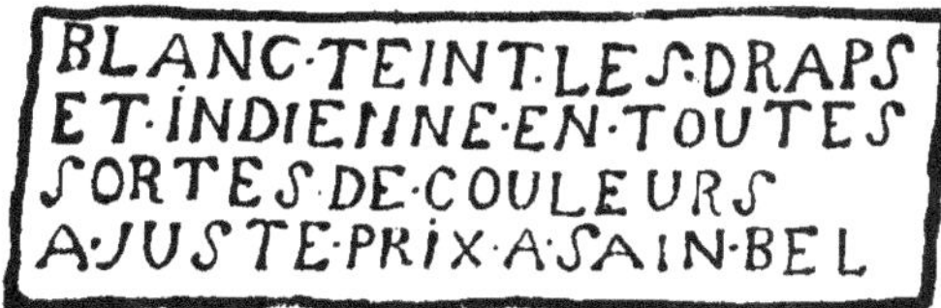

son chef : *Blanc teint les draps et indienne* (sic) *en toutes sortes de couleurs à juste prix à Sain-Bel.* On rencontre un industriel de ce nom à Tarare.

SAINT-CYR-AU-MONT-D'OR.

Il y avait à Saint-Cyr, en 1821, un lieu dit l'*Indiennerie* et on y voyait encore le bâtiment où avait fonctionné, à la fin du XVIIIe siècle, une fabrique de toiles imprimées (FORTIS, *Voyage pittoresque à Lyon et aux environs*).

TARARE.

L'introduction de l'industrie des toiles peintes à Tarare remonterait à 1763, si l'on en croit un document des Archives nationales (F[12] 650). Cependant le premier entrepreneur que nous connaissions, Pierre-Marie Andrieu, négociant à Lyon, ne date son établissement que de 1775. En 1786, il exerçait encore et imprimait 5.000 pièces avec 28 tables (Arch. nat. F¹² 1405). L'enquête de 1806 mentionne la manufacture de Blanc remontant à 1771, et imprimant 1.800 pièces en toiles du pays à l'aide de 30 ouvriers. L'*Almanach du commerce* cite de 1806 à 1811 la fabrique de Simonet. Toutes ces mentions pourraient bien ne se rapporter qu'à une seule maison.

VERNAISON.

Guillon, Paris et Chaland, de Genève, s'établirent à Vernaison avant 1786. L'*Almanach du commerce* cite de 1806 à 1815 la manufacture de Chalant, qui ne peut désigner que le même atelier. L'enquête de 1806 ne donne que Desgrand frères et Durer, installés en 1803, et imprimant en 1804, avec 80 ouvriers, 6.000 pièces de toiles de l'Inde, de Suisse et de Tarare. L'établissement n'avait plus d'activité en 1806.

VILLEFRANCHE.

En 1772-1773, Nicolas Risler, de Mulhouse, chercha à faire un établissement à Villefranche, avec le concours de Humblot et Buiron, négociants de l'endroit (Arch. nat. F¹² 1405). Nous ignorons si le projet fut exécuté. En 1784, on trouve à Villefranche une petite manufacture, celle de Brown, avec 3 ou 4 tables d'impression. L'enquête de 1806, qui la fait remonter à 1772, lui accorde 70 ouvriers, imprimant 3.500 pièces en toiles du pays. Mais son directeur, Brown fils, venait de faillir.

Il s'établit en 1793 un autre atelier, celui de Chaber, qui occupait 30 ouvriers en 1806 et fabriquait 1.800 pièces en toiles du Beaujolais.

VILLEURBANNE.

Il se fonda à Villeurbanne, hameau de la Ferrandière, en 1799, une manufacture importante. Elle était exploitée par Michel, Mouavoubon et Cie en 1806 et occupait 210 ouvriers, imprimant 12.000 pièces. Mais l'année suivante le personnel ne comptait plus que 60 ouvriers. Nous ignorons si l'établissement put se soutenir.

Il y avait eu au même lieu, en 1784, une petite manufacture de 4 à 5 tables d'impression, appartenant à Hendri (ou Landry) (Arch. nat. F¹² 1405). Elle imprimait 2.500 pièces en 1786.

ISÈRE

GRENOBLE.

L'*Almanach des marchands* mentionne une manufacture d'indiennes à Grenoble en 1785. Nous ne savons rien sur cet établissement, non plus que sur ceux signalés par l'*Almanach du commerce de* 1805-1815. Peut-être ces mentions s'appliquent-elles aux fabriques des environs, celles de Vizille par exemple.

BOURGOIN.

En 1788, les Suisses Pourtalès et Cie, sans doute les grands manufacturiers de Neuchâtel, demandaient au Conseil du commerce « le maintien de leur fabrique d'indiennes à Bourgoin, en Dauphiné ». Nous ne savons rien du sort de cette manufacture, non plus que de celle signalée par l'*Almanach du commerce,* de 1806 à 1815. Bourgoin ne figure pas sur l'enquête de 1806.

Il est possible que Bourgoin soit ici pour Jallieu, localité du même canton.

JALLIEU.

La manufacture de Jallieu fut fondée en 1778. Sous la direction de Charles-Emmanuel Perregaux, ses ateliers comprenaient, en 1806, 130 ouvriers, produisant 6.000 pièces pour les deux tiers en provenance des Indes. Elle resta dans la famille Perregaux bien au delà de 1815.

LA BUISSERATE.

Il existait une manufacture à la Buisserate, sous la Révolution. Mais son importance devait être secondaire, car en 1793, son fondateur, Paris (peut-être un des anciens associés de Chaland à Vernaison) sollicitait une subvention du Gouvernement (Arch. nat. F^{12} 1405). Elle ne figure pas sur l'enquête de 1806.

SAINT-SYMPHORIEN-D'OZON.

Joseph-Henri Haar dirigeait en 1806, à Saint-Symphorien-d'Ozon, une manufacture dont l'origine remontait à 1785. Il employait 50 ouvriers et imprimait 4.000 pièces de toiles françaises pour le compte d'autres négociants.

On trouve en 1786, Pardon, dont l'établissement imprime à façon pour Lyon.

SASSENAGE.

Jaquemet du Parc tenta en 1787 d'établir une manufacture à Sassenage, près de Grenoble. Mais il ne put la soutenir plus d'un an. La bibliothèque Forney possède un dessin de fleurs à rentrures, assez agréable, provenant de cette fabrique.

VIENNE.

Le Suisse Jacques Jaques avait fondé une petite manufacture à la porte de Lyon, à Vienne. Mais, ruiné par une inondation du Rhône, il dut cesser sa fabrication et transporta son établissement à Lyon, où Frédérik Jaques, sans doute son fils, n'occupait en 1806 que 2 ouvriers et imprimait 200 pièces. Sa veuve, Marguerite Dutoit, habitait Montpellier en 1810 et « peignait l'indienne » (Arch. nat. F¹⁴ 1405) (Arch. munic. Montpellier).

VIZILLE.

La région dauphinoise, après avoir été au XVIIᵉ siècle un des premiers foyers de l'industrie des toiles peintes, ne vit reparaître cette fabrication qu'après 1775. A cette date, si l'on en croit l'enquête de 1806 (en 1785, si l'on s'en rapporte aux documents genevois) fut fondée la manufacture du château de Vizille, par le Genevois Jean-Louis Fazy, qui en confia la direction à son fils Samuel, et en conserva la propriété au moins jusqu'en 1790 (Arch. nat. F¹² 108, p. 1). L'établissement était dirigé en 1785 par Périer, négociant de Grenoble, et imprimait 6.000 pièces. En 1806, Claude Périer fils, Dubois et Arnold (peut-être de la famille des indienneurs de Cernay) occupaient 350 ouvriers, imprimant 9.000 pièces de toiles du Beaujolais, de la Suisse, de Normandie et surtout des Indes. Son activité se poursuivit bien après 1815 (FAZY, *Notes sur l'Industrie des indiennes à Genève*).

SAVOIE

CHAMBÉRY.

Aguimac, acquéreur de l'ancienne chartreuse de Pommiers, songea à utiliser les bâtiments en y installant une manufacture. En 1797, il demanda au Gouvernement un secours pécuniaire qui lui fut refusé (Arch. nat. F¹² 1405).

HAUTE-SAVOIE

ANNECY.

Jean-Samuel Fazy, de Genève, après avoir vainement cherché à acheter les bâti-ments de l'hôpital, l'église et les prés des Sépulcrains, fonda en 1795 une manufacture dans l'ancien couvent de la Visitation qui avait si longtemps abrité sainte Chantal. L'établissement, baigné par les eaux du lac d'Annecy et par un bras du Thiou, for-mait une sorte d'île, traversée en outre par un canal particulier. L'abondance des eaux, les vastes dimensions des bâtiments (l'ancienne église servait de sécherie), l'étendue des prairies closes de murs, tout concourait aux avantages de l'entreprise. Dirigée par Poncet et Cie de Genève jusqu'en 1815, puis par Séchehaye, la manufacture imprimait à façon 5 à 6.000 pièces pour le compte des négociants de Lyon, de Mont-pellier, de Marseille et de Genève. Elle occupait 200 ouvriers au moment le plus actif de la fabrication, deux mois avant la foire de Beaucaire. L'hiver, l'interruption des travaux extérieurs, causée par le froid, faisait renvoyer, comme en Normandie, un tiers du personnel.

Les toiles venaient du Beaujolais. Genève fournissait les moules, les couleurs et les mordants (VERNEILH, *Statistique*, 1807, p. 513).

Nous ignorons à quel moment la manufacture cessa le travail. En 1804, Jean-Pierre Duport, sans doute le Lyonnais associé aux Koechlin de Massevaux, établit à Annecy une filature et tissage de coton, qui ne ferma qu'en 1864. Il imprimait en indiennes une partie des toiles de sa fabrication.

AIN

MONTLUEL.

Il existait à Montluel, depuis 1785, une manufacture importante de toiles peintes, qui fut incendiée en 1797. Bien que les entrepreneurs, Alex, Pagez et Regnard, n'aient pu obtenir d'indemnité du Gouvernement, la fabrique comptait encore 300 ouvriers en 1804. L'année suivante la faillite fut déclarée. Nous ignorons si Schoenaver et Cie, qui sollicitaient le 13 mai 1792, de la Monnaie de Lyon, l'échange d'assignats contre des espèces de bronze pour payer leurs ouvriers, étaient des prédécesseurs d'Alex et Cie, ou s'ils avaient un établissement distinct (Arch. nat. F¹² 1405). C'est probablement cette seconde conjecture qui est la vraie, car la *Statistique* de Peuchet et Chanlaire mentionne un atelier à Montluel vers 1809.

PONT-DE-VEYLE.

La *Statistique* de Peuchet et Chanlaire signale à Pont-de-Veyle une manufacture remontant à 1792 et occupant 200 ouvriers. Elle avait en 1806 pour directeur Ballagny. L'enquête de 1806 n'en parle pas.

VII

MARSEILLE, ORANGE, PROVENCE

MARSEILLE, ORANGE, PROVENCE

BOUCHES-DU-RHONE

MARSEILLE.

Le port franc de Marseille, un des entrepôts les plus considérables d'étoffes importées des Grandes Indes, fut aussi un des premiers centres de fabrication des indiennes d'imitation. Si les présents offerts à Mme de Bellinzani en 1660 par les échevins de Marseille, « six pièces de cambrazini (cambrésine) remplies de fleurs... une indiane pour cabinet où il y a divers personnages », n'indiquent pas nécessairement une fabrication autochtone, l'existence de toiles peintes fabriquées à Marseille est attestée par l'édit de 1692 qui en interdit l'introduction en France. « La prohibition de 1692 de l'entrée dans le royaume des toiles peintes à Marseille,... dit en 1700 Fabre, député du Commerce, produisit deux choses également contraires au bien du commerce. La première, c'est que les manufacturiers de Marseille ont porté leur industrie en Italie où ils ont créé des établissements... » (CHABAUD, *Marseille et ses industries. Les tissus*, p. 114). D'ailleurs, un auteur bien renseigné, l'inspecteur des manufactures, Savary des Brûlons, qui rassemblait vers le même temps les matériaux de son *Dictionnaire du commerce*, évalue à 4.000 balles environ la quantité de coton que Marseille recevait d'Alep par le port d'Alexandrette pour être converti en indiennes.

Malheureusement aucun de ces manufacturiers du XVIIᵉ siècle ne nous a laissé son nom. C'est seulement en 1744 — quinze ans avant l'édit de libre fabrication des toiles imprimées — qu'un riche négociant suisse, établi depuis longtemps à Marseille, Jean-Rodolphe Wetter fonda la première manufacture digne de ce nom, à une lieue et demie de la ville, sur les bords de l'Huveaune. Elle n'occupait pas, à en croire une pétition de son directeur, moins de 700 ouvriers, mais ce chiffre doit être exagéré,

17

car il ne correspond pas au petit nombre de tables à imprimer, 36 (Arch. Ch. de Commerce. Pub. *Histoire de l'Industrie à Mulhouse*, p. 286). Quoi qu'il en soit, l'atelier fonctionna une dizaine d'années, avec le concours d'excellents dessinateurs, recrutés à partir de 1753 à la nouvelle Académie de peinture de Marseille. Ses qualités de fabrication sont attestées par les rapports des inspecteurs : « Cette manufacture, disait l'un d'eux, M. de la Genetière, va sans doute effacer le commerce qui se fait dans le même genre aux Indes et en Angleterre, surtout lorsque l'étranger, où le sieur Wetter porte ses produits, aura connu et la perfection et la solidité de ses peintures » (Arch. départ. Bouches-du-Rhône, C. I, 354).

Elle n'en eut pas le temps, et son directeur, en face de résultats financiers fâcheux, dut partir pour Paris, d'où il revint en 1757 fonder la fameuse manufacture d'Orange.

L'industrie des toiles peintes ne disparut pas pour cela de Marseille, si l'on en croit l'*Almanach historique de Marseille* de 1771 : « Les fameuses manufactures de toiles peintes, façon des Indes, vulgairement appelées *indiennes*, forment un objet des plus essentiels dans Marseille, et occupent une quantité prodigieuse d'ouvriers. » Cependant nos recherches ne nous ont fait connaître que quelques rares industriels : les frères Ginoux, qui abandonnèrent leur établissement avant 1759, pour s'installer à Roquefavour, à une lieue d'Aix; Sibilon et Astain, en activité avant 1766; la demoiselle Claire Garnoux-Massol, établie avant 1786 dans les bâtiments hors de service du couvent des dames de Saint-Sauveur (Arch. nat. F¹² 1405). En 1775, un sieur Marc Diant, de Marseille, avait son salon tapissé de toiles peintes de la manufacture Duparc (Arnaud D'AGNEL, *Mobilier provençal*). Peut-être s'agit-il de tapisseries à l'*huile*. L'*Almanach des négociants*, en 1785, ne cite qu'*une seule* fabrique, sans désignation de directeur. C'est probablement celle qu'exploitait en 1806 Joseph Peyron avec 3 ouvriers et 2 apprentis : « Elle n'imprimait que 1.500 pièces et de vieux chiffons que la misère fait peindre. » Elle avait imprimé au plus fort de sa prospérité jusqu'à 35.000 pièces (Arch. nat. F¹² 1562). En 1796, des Suisses coloristes, dessinateurs, graveurs et imprimeurs, Jean-Henri Cornu et ses deux fils, proposèrent au Gouvernement d'établir une manufacture en régie : leur offre ne fut pas accueillie.

AIX.

La fabrication d'Aix semble avoir gardé plus longtemps que celle de Marseille une certaine activité. En 1784, à en croire l'enquête de 1806, on aurait compté dix ateliers, occupant environ 1.000 ouvriers, sans parler des fabricants de cambrésine (cambrazini au XVIIe siècle), mousseline teinte en vert et jaune, dont les femmes d'Arles, de Tarascon, de Beaucaire faisaient leur coiffure de tête. Ces chiffres doivent être notablement exagérés.

Citons J.-M. Sibilon (1758-1766), les frères Ginoux (1759-1766), Joseph-Jean-Baptiste-Alexis David, François Astain et Cie (1766), Imbert Pastouret ou Pastoure,

qui a sans doute succédé à Gabriel Pastoure dont le chef porte : *Manufacture d'indienne d'Aix, Gabriel Pastoure. Bon teint* (1775-1785), et qui occupait 3 tables et produisait 6.300 pièces ; Belliard frères (1785), le seul atelier mentionné par l'*Almanach des marchands* à cette date. Chef : *Belliard frères, Aix*, 1783. Ils occupaient de 10 à 15 tables et imprimaient de 20 à 30.000 pièces. En 1785, vinrent s'établir Michel, Meyer et Perrin, avec 14 tables et une production de 15.000 pièces, et Turcas frères, anciennement

à Marseille, avec 8 tables et 16.800 pièces. Nous ne saurions dire si nous pouvons ajouter à ces noms ceux des frères Jacquier. Ils se disaient bien fabricants, mais lors d'une perquisition opérée chez eux à la fin de 1774 par les commis des fer-

miers généraux, on trouva des moules et des tables d'impression sans le moindre ouvrier au travail. Les Jacquier prétendirent qu'ils avaient été obligés de renvoyer leur personnel ; mais les gens des aides saisirent toutes les pièces imprimées qu'ils trouvèrent, les considérant comme des marchandises étrangères introduites en fraude, et il est probable qu'ils n'avaient pas tout à fait tort (Arch. départ. Bouches-du-Rhône, C. 2613, p. 1 et 32).

Au moment de la Révolution, plusieurs entrepreneurs tentèrent de modestes établissements. Baret frères, Lieutaud (1792), qui occupaient chacun 6 ouvriers en 1806, Dubanet ? (1794), qui en employait 12 à la même époque, eurent peu de durée. Mais Peyras (1792), Dominique Eyglier (un ancien ouvrier de Montpellier) et Viéton (1792), Holive aîné frères, se soutinrent jusqu'en 1812 et même 1815. Ils imprimaient chacun 1.000 à 2.000 pièces, sauf les frères Holive, dont la production atteignait 5.000 pièces.

L'*Almanach du commerce* cite encore, en 1812, H. Chapusa et Cie, et de 1810 à 1815, Aubanel, qui pourrait bien être le Dubanet de l'état de 1806.

LA DESTROUSSE.

Joseph Cartier, établi au printemps de 1771 à la Destrousse, avait en 1772 2 tables d'impression (Arch. départ. Bouches-du-Rhône.)

VAR

TOULON.

Jacques Cayol, qui se contentait jusqu'alors de passer à la calandre de vieilles toiles peintes pour faire ressortir la couleur *(sic)*, demanda en 1786 l'autorisation de fonder une manufacture à Toulon. Il est probable que sa demande ne fut pas agréée, les arrêts défendant d'établir des fabriques à moins de quatre lieues de la mer pour éviter la contrebande (Arch. nat. F¹² 1405). L'enquête de 1806 est négative pour le département du Var.

ALPES-MARITIMES

LE BAR.

En février 1769, la comtesse du Bar, douairière, songea à établir au Bar une fabrique de toiles peintes (Arch. départ. Bouches-du-Rhône). Le projet n'eut sans doute aucune suite.

VAUCLUSE

AVIGNON.

Le Comtat fabriquait des toiles peintes que les fraudeurs introduisaient dans toute la Provence. Le Gouvernement pontifical renonça à son privilège en 1734, moyennant 180.000 francs. Un des manufacturiers ainsi dépossédés, Claude Julien, demandait en 1749 une autorisation pour remonter un atelier en France. Nous ne savons si l'on peut l'identifier avec « le sieur Julien » qui avait cherché en 1746 à s'établir à Paris (Arch. nat. F¹² 93, p. 141, 96, p. 307).

Lorsque Avignon eut fait retour à la France, il s'y fonda en 1796 une petite manufacture dirigée par Quinche. Elle occupait 28 ouvriers en 1806, imprimant 2.000 pièces. Nous ignorons sa durée.

ORANGE.

En 1757, Jean-Rodolphe Wetter, après la liquidation de son entreprise de Marseille, vint fonder une manufacture à Orange, en société.

Le 10 juillet 1757, l'acte d'association fut signé entre La Tour du Pin, Raymond Duly, Faget de Villeneuve, de Branay, Jeanson Rondé, Bastet, Régis de Menneville, Barras et Jean-Rodolphe Wetter. Les intéressés apportèrent 600.000 livres, comme

ORANGE. — L'atelier des pinceauteuses et celui des graveurs, par Rosseti, 1764.

ARREST
DU CONSEIL D'ÉTAT
DU ROI,

RENDU au sujet de la Manufacture des Toiles peintes à Orange.

Du 9 Janvier 1767.

UR la Requête présentée au Roi, étant en son Conseil, par les Intéressés, suivant l'Acte passé devant les Notaires à Paris, le 14 Mars 1763, de la Manufacture de Toiles peintes établie à Orange, ayant magasin sous la raison de G. R. Weters & Compagnie; contenant, que Sa Majesté a eu la bonté de leur accorder, par Arrêt de son Conseil du 22 Novembre dernier, surséance, avec défenses à tous Créanciers d'attenter à leurs personnes ni à celles de leurs Caissiers & Prépofés, & de faire aucunes pourfuites fur leurs biens ; qu'ils

Arrêt de surséance pour les intéressés de la manufacture d'Orange.

première mise de fonds, ce qui permit de donner une grande activité à la fabrication. On fit venir de Genève un excellent dessinateur, Gabriel du Bois, qui pendant huit ans (1760-1768) créa les plus charmants modèles. Dès 1762, on imprima 17.463 pièces, avec un personnel de 600 ouvriers, les graveurs et imprimeurs comptant pour 71. Dans tout le royaume, les toiles d'Orange acquirent une renommée dont de nombreux inventaires attestent la durée : Mlle Camargo (1770) avait un ameublement de damas cramoisi et de toile d'Orange; Lekain (1778), des tentures et des fauteuils de toile d'Orange. En 1783, on annonçait à vendre un meuble de boudoir en toile d'Orange, représentant des sujets de la fable avec guirlandes et encadrements, chaises et fauteuils pareils, et 36 aunes de pareil camayeu à personnages (HAVARD, *Dictionnaire*). L'expression «toile d'Orange» devint un terme générique pour désigner les toiles peintes, si bien que les premiers produits d'Oberkampf furent baptisés à leur début « toiles d'Orange de Jouy ». En 1764, un dessinateur de la manufacture, J.-G.-M. Rossetti, peignit une tapisserie où figurent M. et Mme Wetter et le propriétaire de la manufacture, Pignet, à qui un ouvrier présente une planche d'impression numérotée 1174, sur laquelle est exactement modelé le dessin de son vêtement. Derrière le groupe et sur d'autres panneaux, ouvriers et apprentis impriment des toiles, mélangent des couleurs, lavent des pièces, les étendent, chargent des caisses et des ballots portant l'adresse : « A Messieurs Wetter et Cie, à

Orange», composent des dessins, passent des toiles au cylindre, en un mot se livrent à tous les travaux de la manufacture (H. FÉRAUD, *Industrie des toiles peintes à Orange*).

Malheureusement la prospérité de l'entreprise était plus apparente que réelle Dès 1766, il fallut faire un nouvel appel de fonds de 280.000 livres, qui ne put que retarder la suspension des paiements. En 1774, Jean-Rodolphe et son frère Laurent rachetèrent pour 300.000 francs tout le matériel. Il comprenait 4.000 moules et planches avec « une machine anglaise à planche-plate marchant, avec deux planches de cuivre gravées pour bordures, une planche pour coins, deux planches pour siège et dossier » (*Hist. de l'Industrie à Mulhouse*, p. 301).

L'établissement continua environ neuf ans, sous la raison Wetter et Cie, chef : *Manufacture de I. R. Wetter et sa Cie, à Orange. Bon teint.* En 1775, cette seconde société fut liquidée, et Party frères et Cie de Marseille prirent la succession, sans pouvoir rendre à la manufacture sa première prospérité. Leur fabrication, qui s'élevait en 1786 à 10.352 pièces (les 3/4 de 6 aunes pour mouchoirs) et à 14.997 en 1787, tomba à 8.712 en 1788. Deux ans plus tard, lorsque l'inspecteur des manufactures Goy visita l'établissement, il y trouva 15 à 20 tables d'impression, 6 cuves de bleu, 1 coloriste, 1 graveur, 1 dessinateur, 15 imprimeurs, 15 tireurs, 1 cylindreur, 1 lisseur, 2 garanceurs, 15 à 20 hommes de pré (Arch. départ. Drôme, C. 8). Le rapport ne parle pas de l'importance de la fabrication. Elle devait être minime, car la manufacture ferma ses portes en 1802.

En 1806, Olivier monta une fabrique, liquidée vers 1811. Schmid, vers 1800, fit une tentative qui ne dura que quelques années. Enfin, de 1810 à 1835, Auric et Auric fils imprimèrent des mouchoirs et fichus pour la foire de Beaucaire, Arles, etc. (H. Féraud). L'enquête de 1806 ne mentionne à Orange aucun établissement.

DROME

VALENCE.

La manufacture royale de Valence — ou plutôt de Bourg-les-Valence — remonte à 1770. Mais ce n'est qu'en 1774 que le directeur Dupont joignit à sa fabrique de toiles de coton un atelier de teinture et d'impression d'indiennes. Ruelle, d'Aubenas, fournit le matériel (Arch. munic. Valence, BB. 48 à 51). La supériorité de ses produits, en « bon teint », lui valut le titre de manufacture royale, et une subvention annuelle de 5.000 livres des États du Dauphiné. Il imprimait, en 1785, 10.000 douzaines de mouchoirs. En 1790, il occupait 2 commis, 1 coloriste, 1 dessinateur, 5 graveurs, 23 imprimeurs, 23 tireurs, 6 apprentis, 1 cylindreur, 3 lisseurs, 2 garanceurs, 10 hommes de pré. Il imprimait environ 5.000 pièces, dont les deux tiers de sa fabrication et le reste en toiles de Courtrai, Laval ou Villefranche. Son principal objet de production était les mouchoirs dits de Valence, qui se consommaient dans le Lyonnais, la Bourgogne, le Dauphiné, la Provence, le Languedoc.

A ce moment, Dupont avait dû s'adjoindre un associé, le sieur Mathieu, et plusieurs intéressés. Il avait beaucoup de peine à soutenir la concurrence des manufactures de Suisse et d'Alsace, dont les produits entraient en fraude par la Franche-Comté. Il prit cependant part à l'Exposition des produits de l'Industrie en 1802. Lors de l'enquête de 1806, il occupait 72 ouvriers; en 1811, ce chiffre s'était abaissé à 34.

L'*Annuaire de la Drôme* pour 1807 met l'établissement au nom de Dupont fils aîné.

En 1802, un sieur Montresse aîné avait demandé au Gouvernement l'ancien couvent des Capucins pour y établir une fabrique. Nous ne croyons pas que sa pétition ait eu aucun résultat (Arch. nat. F¹² 1405).

DONZÈRE.

Nous n'avons aucun renseignement sur la fabrication de Donzère, antérieure à 1810. Elle n'employa jamais plus de 50 ouvriers, dont 25 imprimeurs, occupés à l'impression des mouchoirs pour 4/5 et des indiennes pour 1/5, ensemble 1.300 pièces par an. Elle tirait ses mousselines communes de Tarare, Lyon, Roanne, Thizy, Amplepuis. En 1815, la fabrique n'existait plus (Arch. départ. Drôme, M. 2660). Les bâtiments servent aujourd'hui de caserne de gendarmerie.

SAINT-RAMBERT-SUR-SAONE.

L'enquête de 1806 fait remonter à 1788 l'établissement de Roux et Savigny à Saint-Rambert. En 1804, l'atelier occupait 40 ouvriers et imprimait 5.000 pièces en toiles de Tarare. En 1806, la fabrication était presque arrêtée (6 ouvriers).

ARDÈCHE

AUBENAS.

La manufacture de tissus de toile et de coton de Ruelle fils, à Aubenas, avait un atelier de teinture et d'impression dont la ville de Valence (février 1774) obtint le transfert dans ses murs, moyennant une indemnité de 600 livres par an (Arch. munic. Valence, BB. 49). C'est Goudard, aïeul de Ruelle, qui avait découvert la teinture de coton rouge en 1744 (*Encyclopédie*, t. XXXII, p. 794).

GARD

NIMES.

L'industrie des toiles peintes, qui s'exerçait dans le Vivarais avant 1685, ne paraît pas y avoir reparu avant 1778. A cette date, se fonda à Nîmes une manufacture qui était en 1806 sous la direction de Foussard, Astier, Rigot et Patu fils. Elle occupait 120 ouvriers et imprimait 6.500 pièces de coton français; mais, en 1785, elle n'avait plus que 4 imprimeurs, produisant 200 pièces et occupés presque toute l'année aux étoffes de soie. En 1811, la raison sociale devint Foussard, P. Patu, Philippon et Foussard fils. L'établissement existait encore en 1815.

Prat, établi en 1784, imprimait à peine 60 pièces et son concurrent Anis, 100 pièces, à l'aide de 2 imprimeurs.

Deux autres maisons, celle de Maigron-Froment et celle de Sandau, figurent sur l'*Almanach du commerce* de 1806 à 1811. En 1811, Sandau disparaît et l'on voit à sa place Astier et Rigot, ce qui peut faire supposer que les anciens associés de Foussard avaient pris sa succession.

HÉRAULT

MONTPELLIER.

L'industrie des toiles peintes qui eut, semble-t-il, un foyer actif à Montpellier avant la Révocation de l'Édit de Nantes, ne reparut dans la région que vers 1760. L'*État de la ville de Montpellier*, en 1768, signale deux manufactures, l'une au château de la Mosson (sur la rive gauche de la Mosson, commune de Montpellier), l'autre au château de Fontfroide-le-Bas, commune de Saint-Clément-les-Rivière.

La manufacture de la Mosson est antérieure à 1761 et fonctionne encore en 1785. Elle a pour directeur, en 1765, André Keittinger, évidemment de la famille des indienneurs de Rouen. Celle du château de Fontfroide a été fondée vers 1764 par Pierre Guiraud, Cambon et Cie. Les intéressés sollicitent à cette époque du Gouvernement l'envoi d'une calandre et de fourneaux et cherchent l'année suivante à faire venir de Rouen des ouvriers pour mettre leur manufacture sur pied (Arch. nat. F[12] 1405). L'établissement continue à fonctionner au moins jusqu'en 1788, soit à Fontfroide, soit à Montpellier, sous la firme Cambon et Cie. En 1786, une enquête ordon-

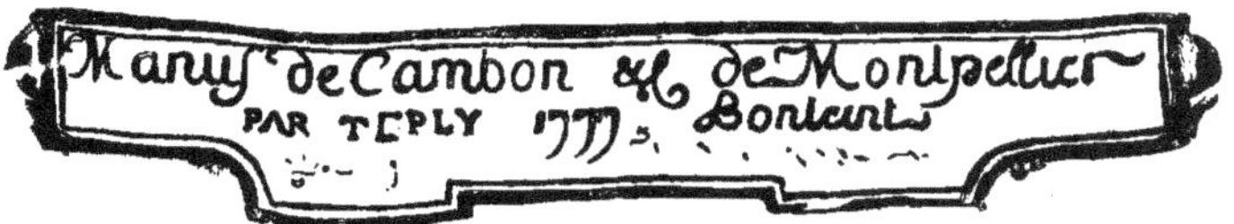

née par l'Intendant attribue aux frères Jacques et Pierre Cambon une production de 1.500 pièces. Celle de Keittinger, à la même époque, ne dépasse pas 5.000.

L'état de 1768 ne signale pas la manufacture de la Valette, fondée avant 1761, et qui avait pour directeur technique le coloriste neuchâtelois Jean-Pierre Dutoit. L'entreprise n'eut sans doute qu'une durée éphémère. Dès 1779, Dutoit prenait la direction de la manufacture de Meaux.

Tout auprès, au moulin des Guilhem, fonctionne, de 1778 à 1785, une manufacture sur laquelle manquent les renseignements. Les frères Verdier et Cie, et auparavant Senard et Pasquier, signalés par les *Almanachs des marchands* de 1772 à 1774, dirigeaient sans doute l'un de ces établissements.

Dans la ville même, près des casernes, un procès de 1778 révèle l'existence de la manufacture de Pierre Seimandy, Liquier et Cie, fondée vers 1776.

L'enquête de 1806 est négative pour le département de l'Hérault. Cependant l'*Almanach historique de l'Hérault* pour 1804 cite neuf négociants en indiennes, dont quelques-uns ont certainement imprimé ou fait imprimer à façon. Tels sont les Mulhousiens Euzière et Nicolas Hofer, qui dirigent en 1811 un établissement sous la raison sociale Barthélemy Euzière et Cie, plus tard Schlumberger et Rigaud; Fehlmann, Véret, Levat et Cie, dont un érudit de Brioude, M. Paul Le Blant, avait retrouvé un album de référence, aujourd'hui à la Bibliothèque municipale de Clermont-Ferrand, et qui avaient leur fabrique rue du Pila-Saint-Gély; enfin Lafosse, Lionnet et Médard, dont le chef : *Lafosse, Lionnet et Médard, de Montpellier. Bon teint,* figure sur un beau dessin de chasse conservé au Musée des Arts décoratifs (BONNET, *l'Industrie des toiles peintes à Montpellier*). Oberkampf, Favre-Petitpierre et sans doute Pourtalès, de Neuchâtel, imprimaient pour le compte des manufactures de Montpellier.

PÉZENAS.

Le prince de Conti avait fondé, en 1760, une manufacture dans son château de la Grange-des-Prés, près de Pézenas. Il en avait confié la direction à Fabre de Cœuret, qui ne put soutenir l'entreprise (PONSONAILHE, article dans l'*Éclair du Midi*, 22 déc. 1907).

VIII

BORDEAUX ET GASCOGNE

BORDEAUX ET GASCOGNE

GIRONDE

BORDEAUX.

Malgré l'activité de son commerce d'exportation, Bordeaux fut loin de tenir une place prépondérante dans l'industrie des toiles peintes. En 1767, un sieur Luet demanda l'autorisation de créer un établissement pour « l'empreinte de toute sorte de toiles » (Arch. départ. Gironde, C. 1581). Mais le projet n'eut sans doute pas de suite, car, en 1783, il n'existait encore aucune manufacture à Bordeaux. Le marché était alimenté par les entrepôts de Jouy, de Colmar et d'Arcueil, et par la succursale de Bory frères et Guitard, d'Agen (Arch. nat. F^{12} 1405).

Mais en 1783, nous trouvons Hegner, 4.000 pièces (100.000 en 1785, chiffre évidemment exagéré) et, en 1785, Porchet et Cie, « aux portes de la ville », commandité par J. Montet, Henry et Cie, riches négociants de Bordeaux, spécialisés dans les guinées bleues pour les colonies. Il sollicite, le 26 avril 1786, le titre de manufacture royale. Un chef, sur la scène de Greuze, l'*Heureuse famille*, révèle aussi le nom de Duhéron à Bordeaux.

En 1788, le subdélégué de Bordeaux ne mentionne qu'une seule fabrique, celle de Lamouroux, sans doute une succursale de la manufacture d'Agen. Guitard et Cie n'avaient pu se soutenir et venaient de fermer leur fabrique, lisons sans doute leur entrepôt (Arch. départ. Gironde, C. 1648).

L'enquête de 1806 ne cite qu'une manufacture, celle de Jean Lassobe, datant

de 1789 et située rue Terre-des-Bordes; mais de 50 ouvriers en 1805, elle était tombée à 2 et n'imprimait plus que 200 pièces. Chef : *Manufacture de Lassobe au terres de Borde bon teint à brd².*

BAULAC.

En 1789, Saint-Pé-Labrousse, négociant à Bordeaux, sollicita les encouragements du Gouvernement pour établir une manufacture à Baulac, à l'entrée des Landes. Sa pétition n'eut aucun résultat (Arch. nat. F¹² 107, p. 694).

BEAUTIRAN.

La manufacture de Beautiran, fondée par J.-P. Meillier en 1792, est la seule vraiment intéressante de la région. Elle occupait environ 250 ouvriers et imprimait 12.000 pièces en toiles de l'Inde et en cotons français. Malgré le prix de la main-d'œuvre et la concurrence des grandes manufactures de Jouy, de Normandie et d'Alsace, l'établissement se soutint jusqu'à la Restauration. Il fut fermé vers 1826 et en partie démoli, mais un grand bâtiment, dénommé « la Fabrique » et transformé en maison d'habitation, en rappelle encore l'emplacement.

On connaît de Meillier de grandes planches en camaïeu, *le Bon père de famille*, *l'Aurore* (d'après le Guide), *l'Enfant prodigue*, d'un rouge généralement pâteux

et peu séduisant, mais bien gravées. Le chef : *J.-P. Meillier et Cie de Beautiran, près Bordeaux,* se retrouve sur de beaux dessins de meubles à grandes fleurs polychromes, qui pourraient bien avoir été imprimés à Nantes. Les planches de cuivre ont peut-être la même provenance.

BELLEVUE.

Jacques-Alexandre Laffon de Ladebat avait commencé, en 1783, l'installation d'une manufacture dans sa maison noble de Bellevue, paroisse de Pessac; mais la prise de deux vaisseaux, qui lui occasionna une perte de 570.000 livres, l'obligea à renoncer à son projet l'année suivante (Arch. nat. F¹² 1405).

LE PONT-DE-LA-MAYE.

Les Suisses Lecler père et fils fondèrent une manufacture au Pont-de-la-Maye, en 1786. Ils imprimaient à façon, pour les négociants de Bordeaux, des toiles de l'Inde, avec 150 ouvriers environ. En 1791, ils tentèrent vainement d'obtenir du département une partie du couvent des Chartreux pour s'agrandir (Arch. nat. F¹² 1405). L'enquête de 1806 nous apprend qu'ils n'occupaient plus que 20 ouvriers et que leur production de 5.000 pièces était tombée à 1.000. La manufacture existait encore en 1811. Chef: *Lecler père et fils, au Pont-de-la-May, près Bordeaux. Bon*

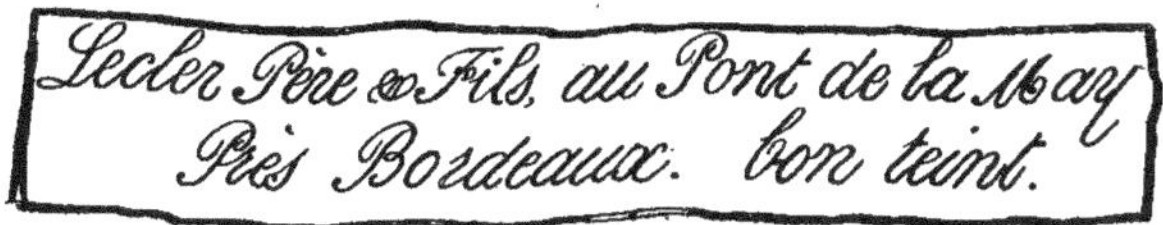

teint. Certains dessins, à cette marque, se retrouvent sous la firme J.-B. Meillier, à Beautiran. Il est probable que les uns et les autres ont une origine commune : la manufacture Favre-Petitpierre à Nantes.

LOT-ET-GARONNE

AGEN.

En 1775 les frères G. et H. Bory et Jean-Jacques Guitard fondèrent à Agen une manufacture pour les indiennes de moyenne qualité et les mouchoirs destinés à la consommation du peuple. Dès 1781, ils avaient une maison à Bordeaux, tenue par les frères Bory, mais malgré des demandes réitérées, ils ne purent obtenir le titre de manufacture royale (Arch. nat. F¹² 1405). En 1785, la veuve Guitard imprimait 3.000 pièces; en 1789, l'établissement en imprimait 2.000; en 1801, 4.000. Il ne figure pas sur l'enquête de 1806.

Lamouroux, ainsi que Marcot, suivirent de près Guitard et Bory. Dès 1776, ils avaient une manufacture et imprimaient en 1785 environ 5.000 pièces, 3.500 en 1801. Leur établissement subsista sous le nom de Lamouroux et Cie jusqu'en 1812. Nous ignorons s'ils eurent des successeurs.

Lauzun aîné et fils, les derniers venus, s'établirent en 1780. Ils imprimaient en 1785, 2.500 pièces; en 1789, 4.000; 4.600 en 1801. Leur manufacture disparaît après 1806. M. le docteur Octave Claude possède deux albums d'échantillons provenant de leur fabrication.

La *Statistique de Lot-et-Garonne* de Lamouroux (1808), publiée en 1903 par Ph. Lauzun, donne d'intéressants détails sur la production de ces trois fabriques en 1789, bien que les chiffres de la balance commerciale contiennent quelques erreurs.

Travail des manufactures.

Prix d'achat des toiles blanches par pièces de 12, de 16 et de 19 mètres.
    Total des pièces 10.000. Prix total. . . . . 273.500 fr.
Frais de fabrication et de vente : ouvriers (dessinateurs, imprimeurs,
    graveurs, pinceauteuses, tireurs, manœuvres, etc., menuisiers,
    charpentiers, charrons, etc.), 125 ouvriers. Prix 18 fr. 45. . . . 53.520
Drogues et matières colorantes, 15.250 kilogrammes. Prix 32 fr. 35.
    Montant. 41.390
Bois de gravure, planches de poirier, 85 mètres carrés, prix de 6 fr.
    Montant. 510
Combustible, etc., 360 stères, prix 10 fr. Montant. 3.600
Loyer et entretien des bâtiments (3), prix 1.500 fr. Montant. . . . 4.500
Vente, commis, voyages, foires, chevaux 24. Prix 4.800 fr. Montant. 14.000
Pertes en faillites ou avaries à 3 p. 100. . . . . 12.000
Bénéfices évalués à environ 9 p. 100. . . . . 37.480
                     Total . . . . 440.500 fr.

Balance par le produit de la vente.

Pièces par 12 et 13 mètres et mouchoirs à la pièce. . . . . 220.000 fr.
Pièces par 16 à 19 mètres et imprimées en indiennes. 220.500
                     Total . . . . 440.500 fr.

Le succès relatif de ces trois fabriques donna à d'autres maisons l'envie d'en établir de semblables. On vit se créer celles de Lauzun cadet (1789), qui imprimait, en 1801, 27.000 pièces, et subsista au moins jusqu'en 1806; de Daribeau l'aîné, disparue avant 1806; de Guénin et Dubois (1795), qui imprimaient 3.000 pièces en 1801 et étaient encore en activité en 1806; de Biot (1800), qui exerça jusqu'en 1814.

L'*Almanach du commerce* mentionne en outre, de 1807 à 1815, Brisse fils et Cie, et de 1813 à 1815, Paqué; mais nous ne saurions dire s'il s'agit de nouvelles manufactures ou d'anciens ateliers qui avaient changé de propriétaires.

« Toutes ces fabriques, dit la *Statistique* de Lamouroux, après divers essais peu heureux sur les toiles françaises, trop dures de fil, n'imprimèrent que de la toile de l'Inde, des baftas, par 10 aunes, des emertis, salemporis, casses, etc., depuis 13

ORANGE. — Le blanchiment des toiles et le lissage, par Rosseti, 1764.

jusqu'à 16 aunes et des guinées de 28 aunes partagées par deux pièces de 14 aunes. Ces toiles sont disposées, les deux tiers à peu près pour mouchoirs, et l'autre tiers pour indienne; les petites laizes de 3/4 à 5/6 d'aune pour le premier genre, et les grandes laizes de 5/6 à 7/8 pour le second. Les mouchoirs sont de deux sortes bien distinctes : 1° ceux à fond bleu foncé teints avec l'indigo; 2° ceux qui sont garancés, soit à fond blanc, soit à fond rouge, etc. Quant à l'indienne, elle est toute garancée. Les fabriques d'Agen n'en ont travaillé sur fond bleu que rarement. »

En 1801, le bilan industriel des 6 manufactures d'Agen et de celle de Villeneuve s'établissait ainsi :

Travail des manufactures.

Prix d'achat des toiles blanches par pièces de 12, de 16 et de 19 mètres. Total des pièces 22.500. Prix total.	735.600 fr.
Ouvriers : 281 ouvriers, prix 18 fr. 20. Total	140.715
Drogues, etc., 35.793 kgr., prix 47 fr. 45. Montant	123.780
Bois, planches, etc., 200 mètres carrés, prix 9 fr. Montant	1.800
Combustible, 1050 stères, prix 10 fr. Montant	10.500
Ventes, commis, etc., 46; prix 5.250 fr. Montant	28.300
Pertes à 3 p. 100	33.000
Bénéfices évalués à 7 p. 100 environ.	73.505
Total	1.147.200 fr.

Balance par le produit de la vente.

Pièces par 12 et 13 mètres et mouchoirs à la pièce	731.400 fr.
Pièces par 16 à 19 mètres et imprimées en indiennes.	415.800
Total	1.147.200 fr.

NÉRAC.

En 1802, Jacques Duthil fonda à Nérac une manufacture qu'on trouve encore en activité en 1815 *(Almanach du commerce)*.

VILLENEUVE-SUR-LOT.

Louis Maydieu, à Villeneuve-sur-Lot, imprimait, en 1801, 25.000 pièces (mouchoirs, petits châles, indiennes). C'est tout ce que nous savons de cet établissement, qui ne figure pas sur l'enquête de 1806, mais que la *Statistique* de Peuchet et Chanlaire mentionne encore à cette date.

HAUTE-GARONNE

TOULOUSE.

L'*Almanach des marchands* de 1785 mentionne à Toulouse trois manufactures de toiles peintes : Dejean, Noguié et Lacroix.

Les *Rôles de capitation* de Toulouse donnent quelques autres noms : Bergès, fabricant d'indiennes dès 1769, monta une petite manufacture de toiles peintes en 1794, qui imprimait annuellement 1.200 pièces. Elle fut fermée en 1805, faute de débouchés. Gounonch céda sa fabrique en 1780 à Guitard, sans doute le manufacturier agenois. L'établissement existait encore en 1795; on n'en trouve plus trace en 1800. La veuve Gotreux fonda en 1797 une petite manufacture, où l'enquête de 1806 relève 7 ouvriers, imprimant 400 pièces par an, consommées par les négociants de la ville. Elle ferma en 1806, faute de débouchés.

C'est le cas de trois autres ateliers, d'aussi peu d'importance, ceux de Jean Josseran, Jean Lafforgue, Jean-Raymond Vergès, qui cessèrent tous de travailler en 1806.

Seuls, les frères Journès, dont la manufacture de moletons et couvertures datait de 1772 et la manufacture de toiles peintes de 1802, gardèrent une modeste activité jusqu'en 1815. Ils imprimaient environ 2.000 pièces par an.

Citons pour mémoire les manufactures d'*indiennes* de Lazare Simon (1774-1794) et Veuillet (1785), qu'il faut très probablement ranger dans les tissages de toiles façon de l'Inde.

Lors de l'enquête de 1786, le subdélégué de l'Intendant se plaint que « bien qu'il n'y ait à Toulouse aucune fabrique, quelques marchands de cette ville ont acheté des toiles confectionnées à Nantes et ont fait imprimer au chef : *Fabrique de Toulouse*, ce qui est de nature à tromper les acheteurs ».

BASSES-PYRÉNÉES

BAYONNE.

Nous ne saurions dire si la manufacture d'indiennes de Bayonne, dirigée en 1767 par Castera (Arch. départ. Gironde, C. 1581), imprimait des toiles de l'Inde ou se contentait d'en fabriquer. L'hésitation cesse avec l'établissement d'Et. Nocher, fondé en 1789, et qui comprenait, en 1805, 18 ouvriers (2 graveurs, 6 imprimeurs, 10 manœuvres), imprimant 4.000 pièces. L'année suivante, la maison était en pleine décadence. Elle n'occupait plus que 5 ouvriers et ne fabriquait que 250 pièces. Elle ne put évidemment se soutenir.

OLORON-SAINTE-MARIE.

Deux ouvriers, Ganivet et Renaubert, établirent un petit atelier à Sainte-Marie-d'Oloron. Ils n'avaient au début aucuns compagnons; en 1806, ils en occupaient 2 et imprimaient à façon 1.500 à 2.000 châles, mouchoirs, nankinettes ou robes de mousseline.

IX

AUVERGNE ET RÉGION CENTRALE

AUVERGNE ET RÉGION CENTRALE

PUY-DE-DOME

CLERMONT-FERRAND.

Après la déconfiture de la manufacture de Marsat, en 1766, Vernadet recueillit les ouvriers sans travail et fonda à Clermont une fabrique pour laquelle l'Intendant lui accorda un secours de 600 livres, le 27 mai 1767. Il prit d'abord pour associé un cartier de Clermont, nommé Proché, sans doute pour le charger des travaux de gravure; mais, au bout de quelques mois, Proché se retira et Vernadet resta seul à la tête de l'établissement. On le trouve en 1767 en contestation avec Leclerc, directeur de la manufacture royale de Brives, qui cherchait à lui débaucher son coloriste, Dufils, puis, l'année suivante, avec un autre coloriste nommé Kalck, qu'il avait fait venir d'Orange. A ce moment il avait pour associés les frères Fayolle.

Il faut croire que le caractère de Vernadet empêchait toute entente avec d'autres intéressés, car le 18 février 1770, il résilia cette nouvelle association et laissa les frères Fayolle seuls en titre. En 1785, la manufacture du sieur Fayolle était la seule de son genre en Auvergne et n'imprimait que 1.000 à 1.200 pièces, ce qui suppose à peine une dizaine d'ouvriers. L'*Almanach des marchands* ne la signale même pas, et l'enquête de 1806 est négative pour le département du Puy-de-Dôme (Arch. départ. Puy-de-Dôme, C. 566 à 569, 836).

En 1770, un Suisse, Jonas Schlumberger, protestant converti et protégé par l'évêque de Nevers, demanda l'appui de l'Intendant d'Auvergne pour fonder un établissement à Clermont. Il est probable que sa requête n'eut aucun effet.

MARSAT.

Il y avait à Marsat, en 1765, une manufacture pour laquelle l'Intendant d'Auvergne sollicita vainement du Contrôleur général un secours pécuniaire. En 1766, elle dut cesser sa fabrication; les ouvriers émigrèrent à Clermont, où Vernadet les employa à sa manufacture (Arch. départ. Puy-de-Dôme, C. 566).

RIOM.

Un habitant de Riom, Daniel-Alexis Barrière, associé avec Andréas de Weprosky, « Transylvain de nation », demanda, vers 1765, l'autorisation d'établir une manufacture à Riom. Nous ignorons le résultat de son projet (Arch. départ. Puy-de-Dôme, C. 566).

LOIRE

MONTBRISON.

La région stéphanoise et forézienne, centre très important de filature et de tissage, ne semble pas s'être livrée à l'impression des toiles. Elle produisait tous les genres de toiles destinées à faire l'indienne : elle les exportait au dehors. Cependant, en 1778, Claude Gagnaire, de Lyon, avait fondé une manufacture des toiles peintes à Montbrison. Mais en 1782, il sollicitait un secours du Gouvernement pour transporter ses ateliers ailleurs (Arch. nat. F¹² 1405).

ROANNE.

On trouve à Roanne un établissement fondé en 1786.

CORRÈZE

BRIVES.

L'impression joua un bien moins grand rôle à la manufacture royale d'étoffes de Brives qu'à celle de Bourges. L'Anglais Thomas Leclerc, qui l'avait fondée en 1764, sous la protection de Turgot, attendit jusqu'en 1767 pour se mettre à fabriquer des toiles peintes, encore cet article n'entra-t-il que pour une faible part dans sa production industrielle. L'*Almanach des marchands* nous apprend qu'en 1779 il fabriquait : « des siamoises à 3/4 et 7/8 qui se vendent tant en blanc qu'*imprimées en indiennes*, couleurs solides façon d'Angleterre — comme camayeux, calanca, demi-calanca — et en une et deux couleurs, en bleu d'Angleterre ou porcelaine et en fond bleu à réserve, soit en mastic à chaud, ou en composition blanche ou mastic froid ».

Nous ignorons quelle durée eut cette fabrication. Il n'en est plus question dans le reste de la carrière de Thomas Leclerc, ni de son fils Charles, qui dirigeait encore la manufacture sous la Restauration (G. MATHIEU, *Notes sur l'industrie en Bas-Limousin*, 1910).

HAUTE-VIENNE

LIMOGES.

L'*Almanach des marchands* de 1779 cite à Limoges deux manufactures de mouchoirs peints fond bleu et blanc, celle de Martin et celle des Ruhaud ou Ruaud. En 1785, Jacques Ruhaud aîné et les frères Ruhaud associés imprimaient (surtout à façon pour Lyon) 10 à 11.000 douzaines de mouchoirs bleus en réserve sur toiles de l'Inde. L'établissement, en 1805, avait à sa tête Jean-Baptiste Ruhaud jeune, qui occupait 8 ouvriers. A sa mort, vers la fin de l'année, son gendre, Léonard Dupré, lui succéda. Nous croyons que cette fabrication, qui atteignait 1.500 à 3.000 pièces, ne consistait qu'en teinture à la réserve.

DORDOGNE

PÉRIGUEUX.

L'enquête de 1806 est négative pour le département de la Dordogne. Mais l'*Almanach du commerce* mentionne des « indiennes » à Périgueux de 1810 à 1815, sans préciser davantage.

X

ORLÉANAIS, NIVERNAIS, BERRY

ORLÉANAIS, NIVERNAIS, BERRY

LOIRET

ORLÉANS.

La manufacture royale d'Orléans, fondée par François-Jacques de Mainville, en novembre 1762, occupait environ 150 ouvriers. Elle imprimait des toiles de fil et de coton pour robes et meubles, des mouchoirs d'indiennes, des mouchoirs de fil façon des Indes, et des mouchoirs de coton imitant ceux de Masulipatam. En 1779, l'inspecteur des manufactures Montaut ne trouve à reprocher à son directeur que d'employer des toiles de Beaujolais mal fabriquées (Arch. nat. F^{12} 651).

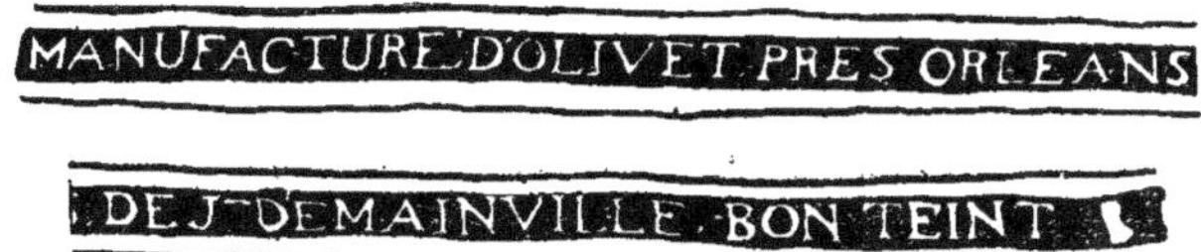

La manufacture était située rue Royale, près du pont, avec établissement à Olivet, sur les bords du Loiret, pour le blanchissage des toiles (Arch. nat. F^{12} 1405 et 107, p. 516). En 1777, de Mainville s'associa son fils Pierre-François-Luc-Jacques, qui transporta la manufacture avec tous ses services à Olivet en 1782, dans le domaine de Couasnon. L'enquête de 1806 donne à Jacques de Mainville et fils, 158 ouvriers, imprimant environ 12.000 pièces. La fabrique disparut vers 1820.

L'*Almanach des marchands* de 1779 mentionne une seconde manufacture de toiles peintes « établie par arrêt du Conseil en 1758 », et une manufacture de toiles peintes et tapisseries. Ces établissements, sur lesquels nous n'avons aucun renseignement, ne figurent pas sur l'*Almanach* de 1785.

Sous la Révolution, Petit, Béchard et Cie ouvrirent une manufacture dans le faubourg Saint-Laurent, sur les bords de la Loire (1797). En 1802, l'établissement appartenait, semble-t-il, à Bonneau et Mignon, puis à Pierre-Victor Bonneau en 1806. Il occupait alors 30 à 35 ouvriers, imprimant 3.000 pièces. On le trouve encore en activité de 1809 à 1810 sous la raison sociale Bonneau-Meunier.

Une autre manufacture fut fondée aussi dans le faubourg Saint-Laurent avant 1799, celle de Girard et Cie, devenue Girard-Bardin en 1802 et disparue en 1807.

Nous ne savons rien de cette manufacture, non plus que de celle de Jean-Baptiste Herculer, fondée en 1795, qui occupait, en 1806, 40 ouvriers et imprimait 2.500 pièces (GARSONNIN, *la Manufacture de toiles peintes d'Orléans*).

MEUNG-SUR-LOIRE.

En 1775, les sœurs Marie et Thérèse Deloynes, Charles-Louis Niepce et Jacques-Barthélemy Deloynes de Champillon, demandèrent à Trudaine l'autorisation de fonder une manufacture « hollandaise » au château des Marais, près de Meung-sur-Loire, sur la rivière des Mauves. Leur but était de retenir en France « une personne de talents essentiels et bien connue dans ce genre, qui était au moment de son retour en Hollande, sa patrie » (Arch. nat. F¹² 1405). La fabrication commença en 1777 sous la raison sociale Niepce et Deloynes de Champillon, puis Niepce, Laugeveld et Cie. Elle occupait en 1780 une cinquantaine d'ouvriers, imprimant environ 3.000 pièces (Arch. départ. Loiret, C. 64). L'*Almanach des marchands* mentionne encore en 1785 la manufacture de Meung-sur-Loire.

NIÈVRE

DORNECY.

L'inspecteur Montaut mentionne dans la paroisse Dornecy, en 1778, une manufacture sur laquelle nous n'avons aucun renseignement (Arch. nat. F¹² 651).

PRESSURE.

En 1764, huit notables de Clamecy, à l'instigation de Gabriel Baron, lieutenant-colonel des gardes du roi, achetèrent la terre et seigneurie de Pressure, appartenant à Jean-Louis-Charles de Chamou de Villiers, pour y établir une manufacture.

Nous ne connaissons le nom d'aucun des associés, mais le directeur de l'entreprise était, au moins à l'origine, le Suisse Jean-Jacques Weisbeck, qui se retira dès 1768 et alla fonder la manufacture de Giey-sur-Aujon dans la Haute-Marne (Arch. départ. Loiret, C. 63). Après son départ, l'établissement, mal dirigé par des entrepreneurs qui n'avaient ni les connaissances, ni l'expérience pratique des procédés de fabrication, ne put se soutenir, bien qu'il ait occupé jusqu'à 2.000 ouvriers. Dès 1769, à la suite de pertes commerciales et d'un incendie, qui détruisit le 15 décembre 1768 un magasin de dépôt, la Société chercha à emprunter 100.000 livres. Le bureau de ville, consulté, décida d'appuyer la demande auprès de l'évêque d'Auxerre, du duc de Nivernais, du contrôleur général Trudaine de Montigny, de l'Intendant, etc., mais ne consentit aucun sacrifice pécuniaire. La manufacture languit encore quelques années. Elle n'existait plus à la Révolution, et en 1794, ses bâtiments servaient de prison (SONNIÉ-MORET, *Éphémérides Clamecicoises*, p. 26, 229, 401).

SEMBRÈVE.

Au moulin de Sembrève, l'inspecteur des manufactures Montaut signale en 1778 une petite manufacture employant 2 ouvriers. L'entrepreneur était très mal à son aise et l'établissement prêt à tomber (Arch. nat. F^{12} 651).

CHER

BOURGES.

La manufacture royale de Bourges ne se contentait pas de tisser des étoffes de soie et des toiles fil et coton. Elle imprimait aussi quelques toiles peintes; mais cette dernière industrie ne semble pas avoir eu beaucoup d'activité.

En 1757, le Conseil d'État avait autorisé quatre associés anglais, Davis, Torrent, Morrison et Porter, à fonder à Bourges une manufacture d'étoffes. La ville fournit le terrain, au faubourg Saint-Sulpice, sur les bords de l'Yèvre, et y fit construire un vaste établissement. La direction de la manufacture fut confiée à Lesage. Mais malgré les encouragements de l'intendant des finances Trudaine, promoteur de l'entreprise, puis après sa mort de son fils, Trudaine de Montigny, et de Dupré Saint-Maur, les résultats furent loin d'être satisfaisants. En 1775, la « manufacture d'indienne » devait 100.000 livres au roi et obtenait la remise de sa dette, avec une subvention annuelle de 15.000 livres, pour lui permettre de se reconstituer en société. Elle donnait du travail à cette date à 400 personnes à Issoudun et 1.800 à Bourges.

Dix ans plus tard, ce dernier chiffre se réduisait à 364, comprenant pour la manufacture proprement dite : 1 directeur (Lesage), 4 commis, 3 contremaîtres, 1 dessinateur, 1 coloriste, 18 graveurs, 58 imprimeurs, 55 pinceauteuses, 2 picoteuses en bois, 4 calandreurs et plieurs, 5 manœuvres à la calandre, 2 maîtres teinturiers, 20 manœuvres à la teinture, 1 imprimeur à chaud, 1 maître blanchisseur, 12 manœuvres à la blanchisserie, 4 apprêteurs, 2 étendeurs, 1 maître foulonnier, 2 aides au foulon, 4 tisseurs, 4 jeunes gens pour tirer les pièces, 2 teinturiers en bleu de cuve, 2 barbouilleurs de couleurs, 1 pour l'ordre des planches, 2 menuisiers, 2 couseuses, 1 charretier.

En 1787, les associés Feydau de Marville, conseiller d'État, Darras, trésorier général de la caisse d'amortissement, Tronchin, ancien fermier général, comte Déodati, ministre plénipotentiaire du prince de Mecklembourg, Siau, régisseur général des vivres de terre, Cottin, régisseur général des vivres de la marine, Kolly, ancien fermier général, Armengau, ancien négociant, Jauge, banquier, demandèrent la liquidation. Il fut décidé que Lesage continuerait la filature de toiles jusqu'en 1792 (Arch. nat. F^{12} 1405).

La Révolution ne permit pas d'atteindre cette date. En 1791, la manufacture fut vendue comme bien national. Elle avait versé dans la région, au dire du citoyen Luçay, an X, 6 à 7 millions de main-d'œuvre (cf. RAYNAL, *Hist. du Berry*, 1847, t. IV, p. 527).

L'*Almanach du commerce* de 1806 signale des toiles peintes à Bourges, nous ignorons à quel titre.

Un joli dessin de meuble à fond rouge, imprimé en réserve, au Musée de Bourges, porte le chef : *Manufacture royale de Lesage et C.-C. [Bon teint] Bourges.*

EURE-ET-LOIR

SAINT-CHÉRON.

Joseph Teissier, associé à un coloriste de Colmar, Benoît Soffet, demanda au Gouvernement, en 1801, un prêt de 10.000 francs pour établir une manufacture à Saint-Chéron, sur le ruisseau de Voise. La subvention lui fut refusée (Arch. nat. F^{12} 1405).

XI

NANTES, BRETAGNE
ET RÉGION ANGEVINE

NANTES, BRETAGNE
ET RÉGION ANGEVINE

LOIRE-INFÉRIEURE

NANTES.

De tous les centres de fabrication de toiles peintes, avant 1789, Nantes fut à coup sûr un des plus actifs. Elle comptait avant la Révolution 9 manufactures, occupant 4.500 ouvriers et imprimant 120.000 pièces, exportées en Afrique, aux Antilles, vendues aux foires de Bordeaux et de Beaucaire.

La plus ancienne en date semble celle de Louis Langevin, fondée en 1758 près les Récollets (date donnée par GUÉPIN, *Hist. de Nantes*, p. 125). Elle existait encore en 1771.

Daviez ou Daviers avait été établi à Angers dès 1753, si nous en croyons une pétition d'un de ses anciens ouvriers à l'Intendance de Bordeaux (Arch. départ. Gironde, C. 1531). Les *Almanachs nantais* mentionnent la veuve Daviès à Richebourg dès 1771, ce qui prouve que l'établissement angevin n'eut qu'une faible durée. En 1786, elle a transporté sa manufacture sur les Ponts, où on la trouve associée en 1791 à Charles-Marie Forestier, rue de Beauséjour, 4. Mais l'année suivante son nom disparaît de la raison sociale. L'enquête de 1806 n'accorde à Forestier que 20 ouvriers (au lieu de 90 l'année précédente). La manufacture n'avait donc pas grande importance. Elle subsista cependant jusque vers 1813.

L'établissement de Kuster et Pelloutier, près les Récollets, existait avant 1771. En 1788, Pelloutier chercha vainement à obtenir pour sa fabrique le titre de manufecture royale, bien qu'il y ait joint une filature mécanique de coton (Arch. nat. F¹² 107, p. 56). L'année suivante, il s'associa avec Bourcard (sans doute un parent des manufacturiers de Wesserling), sur les Ponts, rue Beauséjour, 37. En 1792, les intéressés cédèrent leur manufacture à Faligan, Brève, Nagant et Cie. Elle occupait une cinquantaine d'ouvriers, autant d'apprentis, et imprimait 16.000 pièces par an; mais les troubles de la Révolution, la dépréciation des assignats réduisirent la production à 6.000 pièces et obligèrent même Faligan à solliciter du Gouvernement en 1799 un secours qui lui fut refusé (Arch. nat. F¹² 1405). Il n'est plus question de la manufacture après cette date. Chef : *Toiles peintes. Bon teint. De la fabrique De Faligan, Brève, Nagant. Cessionnaires...*

Pierre Dubern, marchand d'indiennes dès 1776 et fabricant dès 1780, était établi près des Récollets, puis au Beauséjour, sur les Ponts, à partir de 1789. Bien que l'enquête de 1806 ne mentionne pas sa manufacture — nous ignorons pourquoi — elle subsista sous le nom de Dubern et Cie jusqu'en 1813. Son directeur était une

MANUFACTURE · DE DUBERN ET COMPᵉ A A NANTES · BON TEINT Nᵒ 9 · 21

notabilité nantaise. Il fut en 1788 au nombre des douze députés de Nantes chargés d'aller porter au roi les vœux « d'un peuple plein d'amour et de vénération pour sa personne sacrée », événement mémorable dont il consacra le souvenir par une grande planche en camaïeu, représentant la réception de la délégation par Louis XVI. Le Musée des Arts décoratifs en possède un échantillon. Plus tard, Dubern fit encore partie des 132 Nantais que Carrier destinait à la guillotine. Mais il ne fit pas le voyage jusqu'à Paris. A Angers, il fut remis en liberté et revint prendre la direction de sa manufacture (EUDEL, *Nantes en 1792*, p. 107). Chef: *Manufacture de Dubern et Cⁱᵉ à Nantes. Bon teint.*

Jean-Frédéric et François Gorgerat, originaires de Boudry, près de Neuchâ-

GORGERAT · FRÈRES i&Cᵖ A NANTES · BON TEINT·

tel, marchands d'indiennes sur les Ponts avant 1776, étaient fabricants dès 1786. On les trouve établis sous la raison sociale Gorgerat frères et Cie, rue de Vertais, 6.

ou 27, de 1791 à 1815. Leur manufacture avait une certaine importance. Elle occupait 140 ouvriers en 1805. La crise de 1806 réduisit ce nombre à 40. Chefs : *François Gorgerat, Nantes. Bon teint.* Et *Bon teint, Gorgerat frères et Cie à Nantes.*

D'autres maisons, de moindre importance, figurent sur les almanachs nantais. C'est, en Dos d'âne, Jacob Swau et Honziker (1786-1787), Brissonnier et Cie (1787), Oreillard aîné et Cie (1789-1793), trois raisons sociales qui pourraient bien ne désigner qu'un seul établissement. En Grande Biesse, Walcker, Scholl et Cie (1786-1787); puis Balerin, Abel Geel et Cie (1788); Abel Geel et Cie (1791-1792). En Petite Biesse, Rother et Cie (1786-1789) originaire de Brienne, en Suisse. Au Beauséjour, sur les Ponts, Th. Chaudoux et Cie (1786-1787) et Dubey (1803-1807); dans l'île Gloriette, Huard et Cie (1786-1789); en Vertais, Bedin (1794-1799); rue de la Fosse, 15, Hervieux (1796).

N'oublions pas Aug. Simon, Roques et Cie, signataires en 1786, avec Dubern, Rother, Veuve Daviez, les Petitpierre et les Gorgerat, d'un *Mémoire* pour obtenir l'entrée en entrepôt des toiles blanches étrangères. Ils imprimaient 20.000 pièces en 1785.

Mais de tous les établissements nantais, le plus important de beaucoup fut celui des frères Petitpierre, fondé en Vertais, 10, vers 1760, et qui subsista au même lieu et dans la même famille pendant près d'un siècle. Ferdinand Petitpierre et son frère aîné Aristide étaient originaires de Couvet, près de Neuchâtel. Leur établissement, dans la prairie d'Aval, au pont de Vertais, prospéra au point d'occuper jusqu'à 1.500 ouvriers. A la fin de 1790, Petitpierre aîné étant mort, sa veuve se retira. Mais la société « Petitpierre frères et Cie continua, sous la firme « Petitpierre et Cie »,

jusqu'au 31 décembre 1797, date où Ferdinand Petitpierre se retira. Il avait fait venir de Suisse pour le seconder, depuis un an ou deux, ses neveux Louis et Pierre-David Favre, et leur père Antoine, époux de Marguerite-Henriette Petitpierre dont la famille, d'origine française, avait quitté Roullans, près de Besançon, à la Révocation de l'Édit de Nantes, pour se réfugier à Couvet.

Les guerres de Vendée arrêtèrent la prospérité de la manufacture. Louis Favre, qui la dirigeait depuis la retraite de Ferdinand Petitpierre, chercha vainement, en 1800, à la mettre en société. Il fallut se rabattre sur les capitaux familiaux. En 1802, la nouvelle société « Favre-Petitpierre et Cie », composée de Louis et de Pierre-David Favre, racheta l'atelier Pelloutier, Bourcard et Cie, alors en mauvaise posture. L'année suivante Ferdinand Petitpierre mourut; mais sa veuve laissa ses fonds dans l'entreprise, et en 1806 une quatrième société se constitua sous la firme : « Favre, Petitpierre et Cie ». Elle comprenait les deux fils de Ferdinand, Ferdinand et Aristide Petipierre, et leur oncle Ferdinand Favre (un frère de leur mère) qui eut la signature (1779-1867).

Ce dernier était homme d'initiative. Son premier soin fut de commander à Lefèbre, le mécanicien qui avait monté à Jouy la première machine à imprimer au cylindre, une presse analogue, que les ouvriers baptisèrent : « la Foudroyante ». Il augmenta singulièrement la collection des cuivres gravés, qui de 50 environ passa à 150. Mais la crise commerciale des dernières années de l'Empire mit la manufacture à deux doigts de sa perte. En 1818, une cinquième société « Ferdinand Favre et Cie »

réunit Ferdinand Favre, Henri Favre (sans doute un de ses neveux), Ferdinand Petitpierre et un bailleur de fonds parisien, Auguste Barat. Ce fut, cette fois, la forme définitive de l'entreprise jusqu'à sa fermeture. La concurrence de l'Alsace et de la Normandie ne tarda pas à la mettre en danger. Dès 1836, son directeur offrait à un concurrent de lui vendre son stock de planches gravées (200), « quelque chose au-dessus du poids du cuivre ». En 1842, la fabrication était réduite à sa plus simple expression. Elle cessa en 1866. Ferdinand Favre, qui avait été fait sénateur de l'Empire et appelé dix fois à la mairie de Nantes, alla mourir à Paris l'année suivante. On vendit aux enchères, en 1867, le matériel de la fabrique, y compris les albums de références, qui furent achetés par le baron de Girardot et sont aujourd'hui conservés à la bibliothèque de l'Union centrale des Arts décoratifs. Grâce à ces documents et à ceux réunis par le docteur Octave Claude, nous pouvons attribuer en toute certitude à l'établissement de Vertais bon nombre de beaux modèles pour meubles, décors de fleurs ou camaïeux, à la planche de cuivre ou au bloc, conservés à la bibliothèque Forney ou au musée de l'Union centrale des Arts Décoratifs : *Panurge dans l'île des Lanternes*, d'après l'opéra de Grétry, 1784; le *Combat de Suffren*, le *Combat de*

MANUFACTURE DE TOILES PEINTES, FILATURE ET TISSERANDERIE
de Favre-Petitpierre et Comp.[e]
Au Beau-Séjour, sur les Ponts, à Nantes.

Noms des Dessins pour Meubles.

Nos		Largeur.
1.	La Danse savoyarde	34 pouc.
2.	Le Jeu de Bagues	34 —
3.	Les Champs Élysées	34 —
4.	L'Arc de Triomphe de Titus	24 —
5.	L'Enlèvement d'Adonis	35 —
6.	Les Plaisirs champêtres	34 —
7.	Les Attributs de Flore	34 —
8.	Les Dons de la Nature	35 —
9.	Le Temple de Vénus	34 —
10.	Les plaisirs de la Pêche	33 —
11.	La Danse flamande	35 —
12.	Les Jeux de l'Innocence	35 —
13.	Les Paysages	34 —
14.	La Chasse au Loup	32 —
15.	Les Tableaux	32 —
16.	Les Quatre Éléments	32 —
17.	La Chasse au Sanglier	33 —
18.	Achille reconnu par Ulysse	34 —
19.	Les Délices des quatre Saisons	34 —
20.	Les Chasseurs	33 —
21.	Le Jardin des Plantes	32 —
22.	Les Labyrinthes du Jardin des Plantes	32 —
23.	Le Jardin des Plantes, en 2 planches	32 —
24.	Le Tombeau de J.-J. Rousseau	33 —
25.	Les Monuments romains	33 —
26.	La Pirogue indienne	33 —
27.	Les Amours	33 —
28.	Les Isles	33 —
29.	Les huit Mois	32 —
30.	Les quatre Mois	32 —
31.	Les douze Mois	32 —
32.	Hermine chez les Bergers	32 —
33.	La Danse des Graces	32 —
34.	Les Arts et Métiers	35 —
35.	Les Présents de l'Amitié	32 —
36.	Les Arts utiles	33 —
37.	Le Dîner champêtre	33 —
38.	Les Dons généreux	32 —
39.	Le Galant Jardinier	32 —
40.	Le Bon Commerce	32 —
41.	Les Bergers Écossais	32 —
42.	L'Accordée du Village	33 —
43.	La Consécration de Cora	33 —
44.	Télasco et Amazilly	33 —
45.	Les Amours de Pan et d'Amphitrite	32 —
46.	Atala et Chactas	32 —
47.	L'Oracle	33 —
48.	Les Bergers	28 —
49.	Les Lis	28 —
50.	Les Délices de Flore	23 —
51.	Henri IV	32 —
52.	Les Amours de Dunois	32 —
53.	Sargines, ou l'Élève de l'Amour	33 —
54.	Les Occupations villageoises	34 —
55.	La Fête flamande	35 —
56.	La Danseuse de corde	33 —
57.	Le Marchand d'orviétan	33 —
58.	Le Commerce maritime	33 —
59.	Carnaval de Venise	37 —
60.	Triomphe de Voltaire	34 —
61.	Triomphe de Bacchus	34 —
62.	Richard Cœur de Lion	33 —
63.	La Prise de Saint-Eustache	34 —
64.	La Chasse de Diane	34 —
65.	La Foire du Caire	34 —
66.	Le Tronc	34 —
67.	La Henriade	34 —
68.	Neptune, ou l'Empire de la mer	34 —
69.	Armide	34 —
70.	Les Arts	34 —
71.	Le Troubadour	32 —
72.	Le premier Navigateur	32 —
73.	Entrée de Henri IV dans Paris	31 —
74.	Mathilde et Maleck-Adhel	31 —
75.	Mademoiselle de la Vallière	31 —
76.	Socrate et Hippocrate	32 —
77.	Le Jeu des Raquettes	34 —
78.	La Course au Sanglier	34 —
79.	Les Médaillons	34 —
80.	La Grande Famille	32 —
81.	La Réconciliation	32 —
82.	La Noce de campagne	32 —

[Ajouts manuscrits :]
83. Coriolan et Cincinnatus
84. Socrate et malade
85. La pêche en eau douce
86. Moïse sauvé des eaux
87. G.[me] Tell
88. L'École des braves
89. Esther
90. Chapelle Guillaume Tell

Nota. Indépendamment des Planches de Cuivre ci-dessus, nous en avons encore un autre bel assortiment composé de petits bouquets détachés et courants, propres pour habillements.

Imp. de V.[ve] Mangin.

la *Motte-Picquet à la Martinique,* le *Port de Cherbourg,* le *Mouton chéri,* la *Caravane du Caire* (de Grétry), la *Draperie,* *Achille reconnu par Ulysse,* les *Bergers écos-*

sais, *Robinson Crusoé*, l'*Histoire de Joseph*, et toute une série de grands dessins de fleurs, combinés avec de larges rayures droites, tulipes, pivoines ou fleurs stylisées, très vifs de tons, avec une prédominance de rouge et de bleu, et qui peuvent soutenir la comparaison avec les meilleurs produits des manufactures de l'époque.

Voici d'ailleurs, à titre documentaire, un aperçu de l'assortiment de la manufacture :

F.-A. PETITPIERRE FRÈRES ET CIE

Panurge dans l'île des Lanternes. — Psyché et l'Amour. — Le Combat de Suffren. — Le Combat de la Motte-Picquet. — Le Port de Cherbourg. — Vénus à sa toilette. — Les Antiquités romaines. — La Chasse de Diane. — La Course anglaise. — La Fête aux victoires. — La Fête aux enfants. — Fête champêtre. — Le Mouton chéri. — Paul et Virginie. — Le Temps. — Les Quatre Saisons. — La Danse. — La Caravane. — L'Iris. — L'Homme bienfaisant. — La Draperie. — Le Parc anglais. — La Vérité. — Le Trône. — Henri IV aux Champs-Élysées.

Dessins nouveaux :

Les Tableaux. — Neptune. — La Danse savoyarde. — Les Jeux de l'amour et de la folie. — Bacchus et Vénus sur les eaux. — Bonaparte en Égypte. — Apollon et les Muses. — L'Enfant chéri. — Le Char de l'Aurore. — Le Serment d'amour. — Lycurgue. — La Naissance d'Énée. — La Mort de Didon.

FAVRE, PETITPIERRE ET CIE

Danse savoyarde. — Char de l'Aurore. — Lycurgue. — Naissance d'Énée. — Le Jeu de bagues. — Le Triomphe de Vénus et de l'Amour. — Les Champs Élysées. — L'Arc de triomphe de Titus. — L'Enlèvement d'Adonis. — Les Plaisirs champêtres. — Les Attributs de Flore. — Les Dons de la nature. — Le Temple de Vénus. — Les Plaisirs de la pêche. — La Danse flamande. — Les Jeux de l'innocence. — Les Paysages. — La Chasse au loup. — Les Tableaux. — Les Quatre Éléments. — La Chasse au sanglier. — Achille reconnu par Ulysse. — Les Délices des Quatre Saisons.

Nous ignorons si toutes ces grandes planches ont été gravées à Nantes, mais, vers 1820, la manufacture possédait un dessinateur-graveur nommé Cholet dont la signature se retrouve sur plusieurs sujets dans le goût gréco-romain du jour.

Les albums de référence nous donnent aussi le nom de Mlle Lucie et de Belorgé, comme dessinateurs.

MAINE-ET-LOIRE

ANGERS.

L'introduction de l'industrie de la toile peinte à Angers est due à François Danton et à son frère aîné Thomas-René, qui obtinrent le 31 mars 1752 un privilège pour la fabrication des toiles de lin ou de chanvre peintes ou imprimées, et bientôt après l'autorisation d'imprimer sur soie, fil et coton, à l'imitation des perses et indiennes. Mais il est probable, si cette date est exacte, qu'ils n'exercèrent pas leur industrie avant 1758, date de l'édit de libre fabrication. Leur manufacture, située dans une closerie appelée Tournemine, dans le faubourg Saint-Jacques, ne put se soutenir longtemps. Dès 1771, malgré l'apport d'un commanditaire Henri Moreau, puis de sa veuve, les frères Danton firent faillite. Leur fabrique fut reprise par Boreau de la Besnardière, qui forma pour l'exploiter une société sous la raison

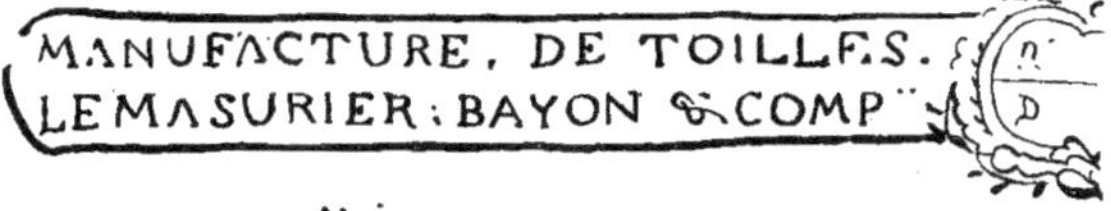

sociale *Le Sourd de Lisle, Gautier et Cie*. A sa mort, survenue en 1783, Gautier se rendit acquéreur du fond et fonda la société Lemazurier, Bayon et Gautier en 1785. Le personnel comprenait 1 dessinateur, 7 graveurs, 6 picoteuses, 60 imprimeurs, 8 teinturiers en couleurs, 4 à la cuve et à la réserve, 12 pinceauteuses,

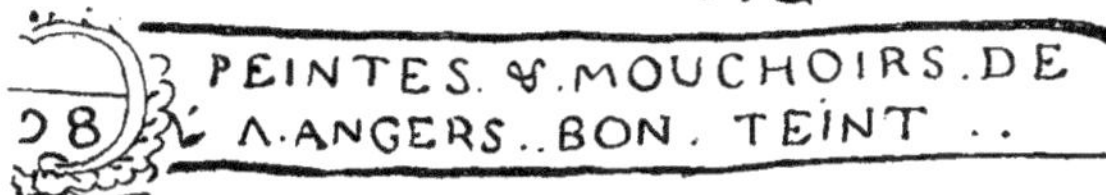

2 coloristes, 6 ouvriers à la calandre, 4 lisseuses, 2 menuisiers, 2 étendeurs au pré, 12 blanchisseurs, 18 sous-ordres à la teinture, au total 147 personnes produisant 9 à 10.000 pièces. Les associés fabriquaient « des toiles peintes dans tous les genres,

22

mouchoirs dans toutes les largeurs, qualités et couleurs ; ils font également imprimer à façon et pour leur compte des mouchoirs en bleu de cuve, à fleurs blanches, de la plus grande perfection, et des mouchoirs cambrésines pour les départements du Midi » *(Almanach de Maine-et-Loire)*. En 1806, Lemazurier, Bayon et Cie occupaient 100 ouvriers (200 en 1805) et imprimaient 10.000 pièces. La fabrique était encore en activité en 1815.

En 1786, un des anciens associés de La Besnardière, Le Sourd de Lisle, fonda une nouvelle manufacture à Bel-Air, à peu de distance de Tournemine. Il occupait en 1787, 40 à 50 ouvriers, avec 8 tables d'impression pour une production de 600 pièces et de 1.000 douzaines de mouchoirs. Il mourut en 1798 et sa veuve, qui reprit la manufacture, n'occupait plus en 1806 que 10 ouvriers (25 en 1805), imprimant 2.000 pièces. La maison ne figure plus désormais sur les Almanachs et dut disparaître vers cette époque. Le matériel fut dispersé et les descendants des Lesourd de l'Isle se chauffèrent pendant plusieurs années avec les bois gravés sans emploi. Le Musée d'antiquités Saint-Jean et Toussaint, à Angers, en a recueilli cependant une quinzaine : paysages, ornements, semis, bordures.

En 1798, Lemazurier fils, Sibon, Commeau et Cie, établirent la manufacture de Bellefontaine, dans l'ancien couvent des Capucins, au village de Reculée. Leur fabrication consistait en « toiles peintes, indiennes, mouchoirs de tous genres, de toutes largeurs, et cambrésines pour la partie du Midi, bleu de cuve, à fleurs blanches, le tout à forfait et à commission » *(Almanach de Maine-et-Loire, 1800)*. La fabrique, sous la raison Sibon, Commeau et Cie, employait, en 1806, 60 ouvriers (120 en 1805). Elle imprimait 10.000 pièces. On la trouve en 1813 au nom de Sibon, Chaillou et Cie. Elle ne ferma que vers 1830.

Il faut citer encore deux manufactures sans grande importance. Celle de Montaut et Gillet remonte à 1756. Ils eurent pour successeur Pierre-Mathieu Thoret, gendre de Montaut, rue Saint-Nicolas, 62, qui n'occupait plus qu'une dizaine d'ouvriers en 1806 et qui disparut vers cette époque. Celle de Louis-Élie Foucault, puis Foucault fils (indienne bleue à la réserve), rue Grenetière, 7, derrière les casernes, fondée en 1780, mais réduite à 18 ouvriers en 1806, cessa la fabrication vers 1812.

En 1804, l'industrie de la toile peinte occupait à Angers près de 500 ouvriers, 80 tables d'impression, et fabriquait, année commune, 250.000 aunes de toile dans tous les genres, mouchoirs de toutes les largeurs, qualités et couleurs *(Almanach de Maine-et-Loire)*. A l'inverse de Nantes et de tant d'autres régions, elle n'avait pris tout son développement qu'après la Révolution. En 1783, Harvoin, receveur général des finances, dans son *Mémoire sur la généralité de Tours*, ne mentionne que « quelques toiles peintes » (Arch. nat. K. 1143. Publ. MARCHEGAY, *Arch. d'Anjou*, II, 360).

Une pièce des archives de la Gironde donne le nom de Daviès comme manufacturier à Angers avant 1767. Il s'agit évidemment de Daviez fils, un associé des frères Danton, qui les quitta dès 1753 pour aller s'installer aux Ponts-de-Cé, emmenant avec lui leur dessinateur et deux autres ouvriers spécialistes (Arch. départ. Indre-et-Loire, C. 120). Dès 1771 la veuve Daviez est établie à Nantes (V. DAUPHIN, *les Manufactures de toiles peintes et imprimées en Anjou*).

SAUMUR.

L'enquête de 1806 mentionne à Saumur deux ateliers : celui de Vaslin père et fils, fondé en 1787, et celui de Chevalier, remontant à 1800. Ni l'un ni l'autre n'occupaient d'ouvriers, et l'état porte cette note : « Ces deux ateliers n'ont jamais été et ne sont encore occupés qu'au détail. » Il s'agit sans doute de teinturiers à la réserve.

A Dampierre, près de Saumur, Lévesque des Varannes imprimait des mouchoirs en 1766.

INDRE-ET-LOIRE

SAINTE-MAURE.

Il y eut une manufacture établie à Sainte-Maure par Paulet, vers 1786. Nous ignorons sa durée. L'enquête de 1806 est négative pour le département d'Indre-et-Loire (Arch. départ. Indre-et-Loire, C. 131).

SARTHE

LE MANS.

La manufacture des frères Desportes, au Mans, occupait, en 1794, 300 ou-

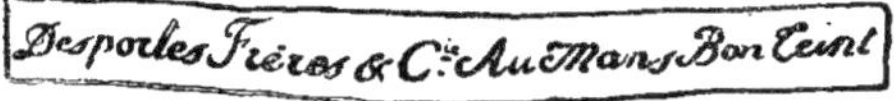

vriers ; mais en 1806 l'entreprise avait été liquidée. L'acquéreur des bâtiments, n'ayant pas les avances nécessaires à l'achat du matériel et des ingrédients, ne faisait que de misérables teintures. Deux des anciens ouvriers des frères Desportes imprimaient quelques dessins communs. En 1805, Jean Quérie monta un nouvel atelier avec 6 ouvriers. Il ne dut pas prendre beaucoup d'importance, car les *Almanachs du commerce* ne le mentionnent pas.

ARCONAY.

Le juge de paix d'Arconay, Lermier, y avait établi une manufacture vers 1797, mais dès 1801 il ne pouvait soutenir ses affaires et sollicitait un secours de 50.000 livres que le Gouvernement lui refusa (Arch. nat. F¹² 1405).

LA CHATRE.

En 1761, Pierre Pottier avait fondé une manufacture à la Châtre. Mais trois ans plus tard, il sollicitait un secours de 2.000 livres pour soutenir sa fabrication. C'est tout ce que nous savons de l'entreprise (Arch. nat. F¹² 1405).

ILLE-ET-VILAINE

RENNES.

La manufacture royale d'étoffes fondée à Rennes par J.-J. Pinezon du Sel des Monts (à Salleverte, près le Mail), en 1742, imprimait une partie des siamoises et cotonnades qu'elle faisait tisser pour l'exportation coloniale. Mais bien que les « toiles imprimées » figurent dans la liste des produits manufacturés par du Sel des Monts et énumérés dans une de ses demandes de subvention aux États de Bretagne, entre 1758 et 1760, sa fabrication dut être restreinte. Dans les 900 ouvriers qu'il employait en 1754 ne figurent imprimeur ni graveur. La manufacture disparut après 1769. L'enquête de 1806 est négative pour l'Ille-et-Vilaine. Mais la *Statistique* de Peuchet et Chanlaire mentionne « une imprimerie de toile peinte » à Rennes.

FOUGÈRES.

La *Statistique* de Peuchet et Chanlaire indique pour Fougères une manufacture de toiles peintes. Si le renseignement est exact, sa fondation serait postérieure à 1806.

SAINT-MALO.

L'enquête de 1806 ne signale pas — on ne sait pourquoi — la manufacture de Macon, à Saint-Malo, et cependant une lettre du sous-préfet du 16 mars, en mentionnant cette fabrique de toiles peintes en fil et en coton, ajoute : « ses produits jouissent d'une bonne réputation, notamment au point de vue du teint » (Arch. départ. Ille-et-Vilaine, M.).

XII

CONCLUSION

CONCLUSION

Tel est l'ensemble des renseignements que nous avons pu réunir sur les anciens ateliers de toiles peintes en France. Sans doute, le tableau présente d'importantes lacunes que nous déplorons plus que personne. Mais, tout imparfait qu'il soit, il suffit à attester à quel point ces manufactures étaient répandues en France, de 1750 à 1815, sur toute l'étendue du territoire. C'est un premier résultat, et non des moindres, puisque de ces centaines de fabriques, seule celle de Jouy a vu son nom passer à la postérité.

Malheureusement ces établissements sont loin d'avoir eu une importance égale, et il aurait fallu pouvoir fixer, pour chacun d'eux, non seulement la durée de son existence et les noms de ses entrepreneurs successifs, mais aussi l'activité de sa fabrication, le nombre d'ouvriers employés, la nature des tissus imprimés, en un mot tout ce qui touche au côté industriel et économique. Ces renseignements, nous les avons donnés toutes les fois que notre enquête nous l'a permis, mais nous convenons que, pour la période antérieure à 1789, nos documents manquent de précision. Ils sont dans tous les cas trop clairsemés pour permettre de jeter une vue d'ensemble sur la production générale.

Une seule période échappe en apparence à cet inconvénient. C'est l'époque impériale, avec l'enquête de 1806 sur l'industrie cotonnière, dont les résultats sont consignés aux Archives nationales (F^{12} 1562). Le ministre de l'Intérieur, Champagny, avait consacré un questionnaire spécial aux toiles peintes, qui ne laissait de côté aucun des points utiles à connaître : nom des entrepreneurs, date de leur établissement, nombre des employés au 24 septembre 1803 et au 1er janvier 1806, nombre de pièces de toiles imprimées chaque année, lieux où ils s'approvisionnaient de toiles blanches, lieux où ils écoulaient leurs produits. Il s'agissait de savoir si le décret du 29 octobre 1803, qui imposait aux toiles peintes étrangères des droits qui pouvaient aller jusqu'à 2 francs par mètre carré, avait eu un bon ou un mauvais résultat sur l'industrie nationale.

Le 30 janvier 1806, le ministre envoyait à tous les préfets une circulaire conçue dans les termes les plus pressants et demandant une réponse dans les *quinze jours*. « Je dois incessamment, ajoutait-il, soumettre à l'Empereur un rapport sur la situation de nos filatures et de nos fabriques de bonneterie et de tissus de coton, et si quelques préfets étaient en retard de me répondre, je me verrais obligé de me plaindre de leur négligence. » L'Empereur, on le sait, n'aimait pas attendre. Les tableaux furent envoyés à l'heure dite, et on put lui présenter un rapport complet sur la situation des manufactures.

Ce rapport, il semble qu'il suffise pour le reconstituer d'une simple totalisation, et en nous livrant à cette opération nous arrivons pour l'ensemble des départements, exception faite des conquêtes du premier Empire, au total de 168 manufactures, imprimant 1.181.285 pièces ainsi réparties : Alsace, 459.835 ; Paris et l'Ile-de-France (Jouy compris), 240.300 ; Rouen et la Normandie, 260.800 ; la frontière du Nord et de l'Est (absorbée par l'Alsace), 1.600 seulement ; la Champagne et la Franche-Comté, 24.200 ; Lyon, le Dauphiné et la Savoie, 65.200 ; Marseille et la Provence, 27.800 ; Bordeaux et la Gascogne, 33.350 ; Auvergne et région centrale, 3.200 ; l'Orléanais et le Berry, 17.500 ; Nantes et l'Anjou, 47.500.

En réalité, on aurait tort d'accepter aveuglément ces chiffres. L'enquête ministérielle, confiée aux préfets, qui en chargèrent à leur tour leurs sous-préfets, fut loin d'être conduite partout avec la même méthode. Dans certains départements, des fabriques d'une réelle importance furent laissées de côté par inadvertance ou autrement, par exemple pour le Calvados, où il n'est pas question des deux ateliers de Venoix, et pour l'Ille-et-Vilaine, où le préfet ne mentionne aucune manufacture, bien que le sous-préfet de Saint-Malo n'ait pas manqué de lui signaler la bonne réputation de celle de Macon. Ailleurs, au contraire, ce sont de misérables teinturiers en réserve que l'enquête pourrait conduire à ranger parmi les manufacturiers, si l'on ne prenait pas garde, par exemple, que les 13 établissements accordés au Doubs n'occupent pas au total 40 ouvriers.

D'ailleurs, une enquête hâtive, conduite presque partout par des fonctionnaires étrangers à la technique du métier, était fatalement condamnée à l'inexactitude, leur incompétence étant obligée de s'en rapporter aux déclarations plus ou moins intéressées des industriels. Nous n'avons aucun moyen de contrôler la sincérité des chiffres, sauf lorsque le nombre des ouvriers mentionnés (déclaration que l'on peut

supposer à peu près sincère) est trop en désaccord avec le total des pièces annuellement imprimées, par exemple à Bolbec, où la veuve J. Fauquet, avec 50 ouvriers,
déclare 12.000 pièces, à peu près le double de la vérité. Parfois (nous en avons la
preuve pour le département du Rhône dont les minutes sont conservées aux Archives
départementales) les chiffres subissent une déformation singulière en passant sur
le tableau destiné au ministre. Mellier, à Fontaine-Saint-Martin, porté sur la minute
à 6.000 pièces, passe à 15.000; Roux et Savigny, à Saint-Rambert, de 2.000 arrive à
4.000; Obrech, à la Guillotière, de 1.500 monte à 3.500. En revanche, Sulot, à Lyon,
perd 1.500 pièces, en passant de 6.000 à 4.500.

L'enquête, d'ailleurs, avait pris une base incertaine en s'en tenant au nombre
des pièces, au lieu de mentionner le métrage. A Giey-sur-Aujon, la pièce mesurait
15 mètres, à Troyes 18, à Agen 12, 16 et 19, à Vizille, elle variait de 18 à 20 mètres.
Un fabricant, à Orléans, lui donnait 11 mètres, un autre 19. Elle avait 14 aunes
(16 m. 63) à Nantes, 22 aunes (26 m. 13) à Valence, 14 aunes (16 m. 63), 10 (11 m. 88)
et même 6 pour les mouchoirs (7 m. 12) à Orange.

Il est donc prudent de ne tenir compte des chiffres du tableau que pour servir
de points de comparaison entre les différentes régions; mais cette réserve faite, on
peut en tirer quelques déductions intéressantes.

La plus évidente, c'est que le nombre total des ateliers (et sans doute aussi le
chiffre global de la fabrication) a dû rester stationnaire. Sans doute, il s'est produit
des déplacements considérables dans les centres d'activité, mais le total officiel de
168 pour les manufactures de 1806 est sensiblement rapproché de celui de 139 que
nous trouvons pour le total des ateliers en 1785, si nous tenons compte de tous ceux
qu'il nous reste à découvrir.

En revanche, nous pouvons relever des modifications considérables dans la
répartition territoriale. En 1785, l'activité industrielle est partagée entre un certain
nombre de régions, qui ont chacune leur marché attitré, et qui s'équilibrent à peu
près : Jouy, Rouen, Beauvais, Nantes, Lyon, Orange, Agen, l'Alsace, avec ses
300.000 pièces, etc. En 1806, la Normandie, avec ses 260.800 pièces, l'Ile-de-France
avec ses 240.000 (Jouy seul entre dans ce chiffre pour 125.000) font plus des deux
tiers de la production totale. Le Midi a payé les frais de la guerre. Marseille, qui occupait, lorsqu'elle avait son privilège de port franc, 1.500 ouvriers, répartis entre
15 manufactures, se voit réduite à 3 ateliers et à une centaine d'ouvriers; Aix, de
10 manufactures et de 1.000 ouvriers, est tombée à 6 ateliers, occupant à peine
60 ouvriers. La célèbre manufacture d'Orange, qui avait imprimé jusqu'à 17.500 pièces, a fermé ses portes; Montpellier, un des berceaux de l'indiennage, ne figure
même plus au tableau. Le guerre maritime, en arrêtant l'arrivage des cotons et des

toiles du Levant, la perte des colonies, en supprimant le principal débouché d'exportation, la difficulté croissante de recrutement pour la main-d'œuvre, les frais de transport des ingrédients chimiques et du combustible, la concurrence des manufactures de Jouy, de Rouen, de Mulhouse, de Neuchâtel, à la foire de Beaucaire (le grand marché provençal), sont venus aggraver les causes générales de crise, telles que les troubles de la Révolution, la dépréciation des assignats, les guerres du Directoire et de l'Empire, qui frappèrent toute l'industrie française, mais pesèrent plus lourdement sur des manufactures déjà en décadence.

Dans le reste de la France, les pertes se compensent mieux. Si l'industrie nantaise, avec ses 9 manufactures, ses 4.300 ouvriers, et ses 100.000 pièces, est tombée en 1806 à 3 ateliers, imprimant à peine 4.000 pièces, d'autres centres, comme Angers, Beauvais, Lyon, n'ont rien perdu de leur activité. La production d'Agen, qui s'évaluait en 1789 à 440.500 francs, montait en 1801 à 1.147.200 francs.

Quant à la région centrale, elle est restée ce qu'elle était en 1785, c'est-à-dire à peu près nulle. Jamais l'industrie de l'indiennage n'a pu s'y implanter, faute, sans doute, de débouchés et de moyens de transport.

Il y aurait encore bien d'autres considérations à tirer de notre exposé, si nous ne craignions de généraliser trop tôt dans une enquête qui n'en est encore qu'à son début. Mais ce que nous voudrions faire ressortir en terminant, ce sont les modifications profondes qui se sont produites dans les conditions d'établissement et de fonctionnement des manufactures de toiles peintes de 1760 à 1815.

Sous l'ancien régime, les petits ateliers semblent l'exception. Des mises de fonds considérables sont nécessaires à la fondation d'une manufacture. A Melun, Perrenod met 400.000 livres dans son entreprise. Les intéressés, à Orange, réunissent 600.000 livres. Presque partout, la façon de procéder est la même. Une société se forme entre négociants et capitalistes de l'endroit (très souvent réunis à des membres de la noblesse locale) et l'on met à la tête de la manufacture un professionnel, la plupart du temps étranger. La nécessité de disposer de vastes locaux fait choisir souvent des châteaux, où leurs propriétaires ne résident plus et qu'ils sont bien aises d'utiliser, comme à Vizille, à Claye, à Pézenas, à Meung-sur-Loire. En revanche, les seigneurs intéressés deviennent les protecteurs de la manufacture et lui font obtenir les encouragements pécuniaires du Gouvernement ou des administrations provinciales et locales.

La vente des biens nationaux et la liberté industrielle de la Révolution valent un nombre considérable de recrues à la toile peinte. La facilité d'acheter ou d'occuper à vil prix les immenses bâtiments des couvents — à Annecy, l'église de la Visitation où avait prié sainte Chantal sert de séchoir — la grande vogue des déshabillés d'indienne égalitaires, qui promet un débit assuré à la fabrication, la faculté d'ouvrir une manufacture sans l'obtention d'aucun privilège, font se créer une foule d'ateliers grands et petits. Quelques-uns réussissent. Un plus grand nombre, ouverts avec une mise de fonds insuffisante, ne résistent pas à l'enchérissement de la main-d'œuvre après les levées en masse de la République, et surtout à la crise du papier monnaie.

Enfin, au début du XIXe siècle, l'introduction des nouveaux procédés mécaniques, et en particulier de la machine à imprimer au cylindre, vient révolutionner l'indiennage; non seulement il ne se fonde que très peu de nouveaux ateliers, mais parmi les anciens, quelques-uns, Jouy, Mulhouse, Colmar, Rouen, prennent une avance considérable sur leurs concurrents. Bientôt ceux-ci ne peuvent plus lutter, et à mesure que l'on avance dans le cours du XIXe siècle, les petits ateliers disparaissent devant les grands. De 1812 à 1815, la crise commerciale et les guerres de la fin de l'Empire en font une véritable hécatombe. On voit déjà se dessiner le mouvement qui aboutira à centraliser la production dans un petit nombre d'usines, capables de suffire non seulement à la consommation du pays, mais encore à l'exportation à l'étranger.

FIN

BIBLIOGRAPHIE

BAKER (Geo. P.). Calico painting and printing in the East Indies in the xviith and xviiith centuries. London, 1921. In-fol. max. et port-folio de 37 pl. en couleurs.

BALLOFFET (Joseph). Histoire de l'indienne à Béligny, Chervinges et Villefranche-en-Beaujolais. Villefranche, 1912, in-8°.

BEAULIEU. L'art de peindre et d'imprimer les toiles en petit et grand teint. S. l. n. d. (Paris, 1800), in-12.

BÉNARD-LEDUC. Sur l'histoire de l'industrie des toiles peintes (*LIIIe Congrès scientifique de France*, 1885), in-8°.

BONNET (Émile). L'industrie des toiles peintes à Montpellier. Montpellier, 1923, in-8°, 1 pl.

Brief guide to the Western painted, dyed and printed textiles (by A. D. HOWELL SMITH and GEO. P. BAKER). London, Victoria and Albert Museum, 1924, in-16, 16 pl.

Catalogue of a retrospective exhibition of painted and printed fabrics. New-York, The Metropolitan Museum of Art, 1927, in-12.

CHABAUD (Louis). Marseille et ses industries. Les tissus, la filature et la teinturerie. Marseille, 1883, in-8°.

CLOUZOT (Henri). Les toiles de Jouy (*Revue de l'art ancien et moderne*, 10 janvier et 10 février 1908).

— La tradition de la toile imprimée au Musée Galliera (*Art et décoration, février* 1908).

— La toile peinte en France. La manufacture de Jouy. Versailles, 1912-1914, gr. in-fol., 50 pl. en couleurs (ouvrage inachevé).

— Le métier de la soie en France, suivi d'un historique de la toile imprimée. Paris, 1914, in-fol., 62 pl. et fac-similés.

— Les toiles peintes nantaises (*Gazette des Beaux-Arts, janvier-mars* 1918).

— La tradition de la toile imprimée en Alsace (*La Renaissance de l'art français, juillet* 1919), 8 fig.

— L'ère royale de Jouy. — Jouy impérial. — Les rivaux et successeurs d'Oberkampf (Soierie de Lyon, 1er novembre 1923, 1er avril et 16 août 1924).

— Les toiles imprimées de Nantes (*La Renaissance de l'art français, novembre* 1924).

— La fabrication des toiles de Jouy au xviiie siècle (*La Renaissance de l'art français, mars* 1926).

— La manufacture de Jouy et la toile imprimée au xviiie siècle. Paris, 1926, in-16, 32 pl.

— Painted and printed fabrics. The history of the manufactury at Jouy and other ateliers in France (1760-1815). Notes on the history of cotton printing especially in England and America, by Frances MORRIS. — New-York, 1927, in-8°, 92 pl.

DAUPHIN (V.). Les manufactures de toiles peintes et imprimées en Anjou. Angers, 1924, in-8°.

Déchelette (Henry). Musée rétrospectif de la classe 80 à l'Exposition universelle de 1900 à Paris. Fils
    et tissus de coton. Saint-Cloud (1909), in-8°, 4 pl.

Delormois. L'art de faire l'indienne à l'instar d'Angleterre et de composer toutes les couleurs bon
    teint propres à l'indienne. Paris, 1770, in-12.

Dépierre (Joseph). L'impression des tissus, spécialement à la main, à travers les âges et dans les divers
    pays. Mulhouse, 1910, in-8°, 71 pl. et fig.

Depitre (Edgard). La toile peinte en France au XVIIᵉ et au XVIIIᵉ siècle. Paris, 1912, in-8°, 4 pl.

Dollfus-Ausset. Matériaux pour la coloration des étoffes. Paris, 1865, 2 vol. in-8°.

Dreyer (Alice). Les toiles peintes au pays neuchatelois. Neuchatel, s. d., in-8°.

Fazy (Georges). Notes sur l'industrie des indiennes à Genève (*Nos Anciens et leurs œuvres*,
    6ᵉ année).

Féraud (H.). L'industrie des toiles peintes à Orange. Avignon, 1887, in-8°.

Forrer (R.). Die Kunst des Zeugdrucks. Strasbourg, 1898, in-4°, pl.

Gabillot. Les Huet. Jean-Baptiste et ses trois fils. in-4° (*Les Artistes célèbres*).

Garsonnin (Dr.). La manufacture de toiles peintes d'Orléans. Paris, s. d., in-8°, 2 pl.

Gervais et Arvers. Recherches sur la fabrication des toiles imprimées à Rouen. Rouen, 1816, in-8°.

Girodie (A.). La tradition de la toile imprimée alsacienne (*Revue d'Alsace illustrée*, 1907), in-4°.

Histoire documentaire de l'industrie de Mulhouse et de ses environs au XIXᵉ siècle. Mulhouse, 1902,
    in-fol., 46 pl. et cartes.

Huet (J.-B.). Dessins et décorations pour la manufacture de Jouy. Paris (s. d.), 52 pl.

Jenny-Trümpy (Adolf). Handel und Industrie des Kantons Glarus, 1903, 2 vol. in-8 (*Ihb. des
    historischen vereins des Kantons Glarus*, XXXIV° Heft).

Labouchère (Alfred). Oberkampf. Paris (s. d.), in-12.

Merrell (Elenor). A collection of old chintzes and toiles de Jouy, gathered in France and Italy.
    New-York, 1925, in-8°, 4 pl.

Migeon (Gaston). Les arts du tissu. Paris, 1909, in-8°, 175 fig.

Morin (Louis). Recherches sur l'impression des toiles dites « indiennes » à Troyes. Troyes, 1913, in-8°.

Musée Galliera. — La tradition de la toile imprimée en France. Paris, 1907, in-8°.

Nouvelles collections de l'Union centrale des Arts décoratifs. IX et IX *bis*. Œuvres de Huet et de son
    école pour la manufacture de Jouy. Paris, 1908, in-4°, 103 pl.

Oberkampf de Dabrun (Émile). Notice sur la famille Oberkampf. Son origine. Modification du nom, ses
    différentes branches. S. l. n. d. (Alais, impr. Brugneirolle), in-4°, 17 pl.

Persoz (J.). Traité théorique et pratique de l'impression des tissus. Paris, 1846, 4 vol. in-8° et atlas in-4°.

Piequet (O.). Histoire de la coloration des tissus, teinture et impression. Rouen, 1911, in-16.

Roussel (Ernest). Une ancienne capitale, Orange. Paris (s. d.), in-16, fig. et pl.

Vignon (Paul). Toiles de Jouy, anciennes toiles peintes, collection de M. P. Vignon. Toiles de Jouy.
    Tissus et gravures de la collection d'Armand Guérinet. Paris, s. d. (*Matériaux et documents d'art
    décoratif*).

Widmer (E.). Musée rétrospectif de la classe 81 à l'Exposition universelle de 1900 à Paris. Fils et tissus
    de lin, de chanvre, etc. — Saint-Cloud (1901), in-8°, pl.

Widmer (Samuel). Lettres écrites d'Alsace, publiées par S. T. (Mme Suzanne Thurneyssen). Mulhouse,
    1911, in-8°.

INDEX ALPHABÉTIQUE
des Manufactures, des Artistes et des Fabricants [1]

Les chiffres qui suivent chaque nom cité renvoient aux pages où il figure.

(1) Les noms propres, surtout ceux à consonnance étrangère, figurent sur les documents avec des graphies souvent douteuses. Nous les avons cependant respectées.

Scheurer-Lauth, 72.
Schlienger (Pierre), 65.
Schlumberger, 67, 138.
Schlumberger (Daniel), 68, 70.
Schlumberger (Isaac), 112.
Schlumberger (Jonas), 151.
Schmaltzer (Jean-Jacques), 7, 65, 66, 70, 105.
Schmid, 135.
Schœn, 67.
Schœn (Jean), 67.
Schœnaver, 125.
Scholl, 165.
Schramm (Jean), 10.
Schulé (Baron de), 70.
Schwaltzer, 67.
Schwartz, 67, 68, 69.
Séchehaye, 125.
SEDAN, ch.-l. arr. (Ardennes), 4.
Seimandy (Pierre), 138.
SEINE, 71 à 81.
SEINE-ET-MARNE, 84, 85.
SEINE-ET-OISE, 82 à 84.
SEINE-INFÉRIEURE, 93 à 99.
SEMBRÈVE (Nièvre), 159.
Senard, 137.
SENLIS, ch.-l. arr. (Oise), 89.
Senn (François-Louis), 72, 119.
SENS, ch.-l. arr. (Yonne), 115.
Septavaux, 96.
Serrebo (Dominique), 104.
Sevestre, 79.
Sevestre (Veuve), 79.
SÈVRES, arr. Versailles (Seine-et-Oise), 83, 84.
Shoening, 68.
Sibilon (J.-M.), 130, 131.
Sibon, 170.
SIERENTZ, cant. Landser, arr. Mulhouse (Haut-Rhin), 71.
Sigrist (Rodolphe), 106.
Simon (Aug.), 165.
Simon (Lazare), 146.
Simonet, 121.
Sivau (Jacob), 286.
SOCHAUX, 114.
Soehnée l'aîné, 71.
Soffet (Benoit), 160.

SOLEURE (Suisse), 111.
SOMME, 105.
Steffan (Philippe), 71.
Stompf, 120.
STRASBOURG, ch.-l. du dép. (Bas-Rhin), 65.
Straubade, 78.
Sulot, 120, 177.
SURATE (Inde), 2, 4.
Swau (Jacob), 165.
Tailleur, 114.
TARARE, ch.-l. cant., arr. Villefranche-sur-Saône (Rhône), 121, 122, 136.
Tavanne (Antoine-Guerne de), 8, 9, 48.
Teinturier, 105.
Teissier (Joseph), 160.
Tenglet, 85.
Terme, 120.
Tézenas, 111.
THANN, arr. et cant. Belfort (Haut-Rhin), 65, 67, 68, 72, 73.
Thewart (Louis), 86.
Thiébaud, 81.
Thierry, 33, 73.
Thierry l'aîné, 67.
Thierry (Jean-Ulrich), 68.
THIZY, arr. Villefranche-sur-Saône (Rhône), 136.
Thoret (Pierre-Mathieu), 170.
Thouvenin, 107.
Ticquet l'aîné (Charles), 86.
Ticquet-Carré (Charles), 86.
Tierce (Toussaint), 99.
Tison, 96.
Toblant, 107.
Torcat, 94.
Torcat (Alexandre), 95, 99.
Torcat (Veuve), 95.
Torrent, 159.
TOULON, ch.-l. arr. (Var), 132.
TOULOUSE, ch.-l. du dép. (Haute-Garonne), 42, 146.
TOURNEMINE, près d'Angers (Maine-et-Loire), 169.
TROYES, ch.-l. du dép. (Aube), 62, 111, 112, 177.
Truton, 78.
Turcas frères, 131.
TUTUCORIN (Inde), 2.

TABLE DES REPRODUCTIONS DANS LE TEXTE

TABLE DES MATIÈRES

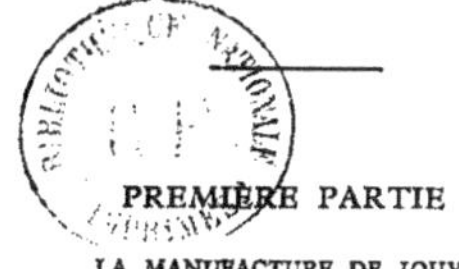

APPENDICES

DEUXIÈME PARTIE

RÉPERTOIRE TOPOGRAPHIQUE
DES MANUFACTURES FRANÇAISES DE TOILES PEINTES DE 1760 A 1815

ACHEVÉ D'IMPRIMER LE VINGT-SEPT MAI MIL NEUF CENT
VINGT-HUIT PAR L'IMPRIMERIE ARRAULT ET Cⁱᵉ A TOURS,
POUR LES ÉDITIONS G. VAN OEST A PARIS ET BRUXELLES.
PLANCHES HORS TEXTE EN HÉLIOTYPIE DE A. FAUCHEUX
A CHELLES, D'APRÈS LES CLICHÉS DE CHEVOJON FRÈRES
A PARIS. TOILE DE JOUY DE LA RELIURE DE HAMOT
FRÈRES ET Cⁱᵉ, MANUFACTURIERS A AUBUSSON ET PARIS.

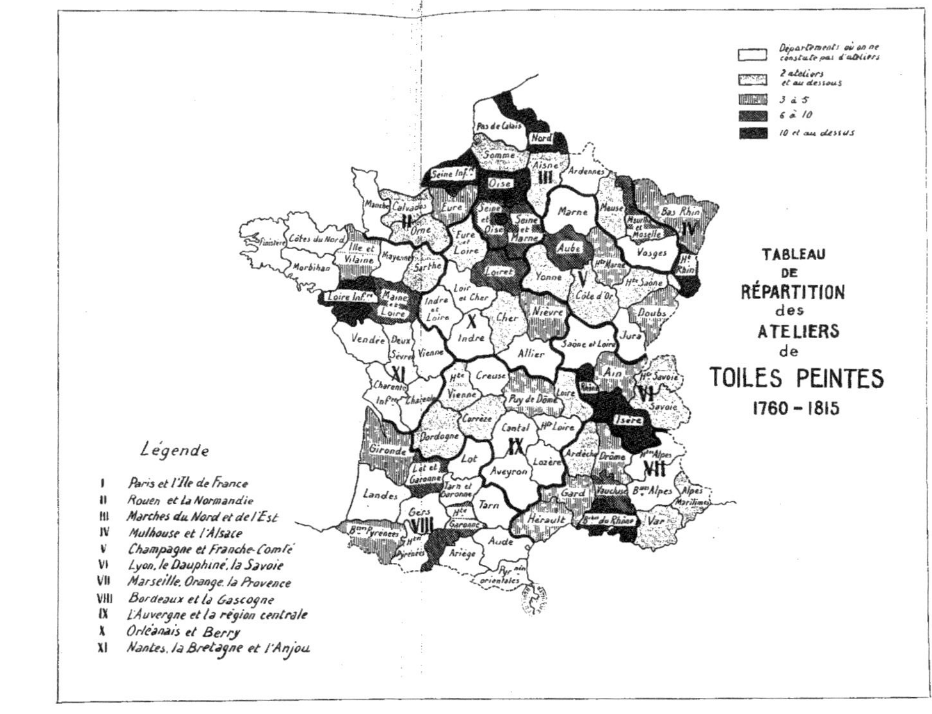

TABLEAU
DE
RÉPARTITION
des
ATELIERS
de
TOILES PEINTES
1760 – 1815
Département où on ne constate pas d'ateliers
2 ateliers et au dessous
3 à 5
6 à 10
10 et au dessus
Légende
I   Paris et l'Île de France
II   Rouen et la Normandie
III Marches du Nord et de l'Est
IV   Mulhouse et l'Alsace
V   Champagne et Franche-Comté
VI   Lyon, le Dauphiné, la Savoie
VII Marseille, Orange, la Provence
VIII Bordeaux et la Gascogne
IX   L'Auvergne et la région centrale
X   Orléanais et Berry
XI   Nantes, la Bretagne et l'Anjou